I0067226

MINISTÈRE DE LA GUERRE.

DIRECTION GÉNÉRALE DU CONTRÔLE ET DE LA COMPTABILITÉ.

RÈGLEMENT

SUR

LA COMPTABILITÉ DES MATIÈRES

APPARTENANT

AU DÉPARTEMENT DE LA GUERRE.

©

4865

MINISTÈRE DE LA GUERRE.

DIRECTION GÉNÉRALE DU CONTRÔLE ET DE LA COMPTABILITÉ.

RÈGLEMENT

SUR

LA COMPTABILITÉ DES MATIÈRES

APPARTENANT

AU DÉPARTEMENT DE LA GUERRE.

PARIS.

IMPRIMERIE NATIONALE.

1871.

NOTE PRÉLIMINAIRE.

Le présent règlement remplace celui du 25 janvier 1845, établi en vertu de l'article 14 de la loi du 6 juin 1843 et de l'ordonnance royale du 26 août 1844, et relatif à la comptabilité des matières appartenant au département de la guerre.

L'ordonnance de 1844 ayant été elle-même remplacée par le décret impérial du 31 mai 1862, la deuxième partie de ce décret, spécialement consacrée aux comptes-matières, a été textuellement reproduite ci-après, ainsi que l'article 14 de la loi précitée.

Le nouveau règlement est précédé du rapport adressé au Président de la République par le Ministre de la guerre et de celui que le Directeur général du contrôle et de la comptabilité a soumis au Ministre. Ces deux rapports permettront de comprendre aisément l'esprit des dispositions nouvelles et de saisir les nombreuses modifications apportées aux prescriptions de 1845.

On a fait suivre ces documents de l'avis des représentants du ministère des finances et de la Cour des comptes sur le nouveau règlement, parce que cet avis fait clairement ressortir les progrès réalisés et apprécier, par conséquent, la portée des dispositions les plus importantes.

Le règlement est accompagné des modèles destinés à en faciliter l'application, et de la nomenclature générale des pièces que les comptables du matériel devront produire à l'appui de leurs comptes pour justifier de leurs opérations à charge et à décharge.

Enfin une analyse marginale a été mise en regard de tous les articles de ce règlement, qui est suivi d'une table alphabétique, indépendamment de la table générale des matières qui termine le volume.

EXTRAIT de la Loi du 6 juin 1843, portant Règlement définitif du budget de l'exercice 1840.

ART 14.

Les comptes-matières seront soumis au contrôle de la Cour des comptes. Une ordonnance royale, rendue dans la forme des règlements d'administration publique, déterminera la nature et le mode de ce contrôle, et réglera la forme de comptabilité des matières appartenant à l'État, dans toutes les parties du service public. Cette ordonnance sera exécutoire à partir du 1er janvier 1845.

EXTRAIT du Décret impérial du 31 mai 1862, portant Règlement général sur la comptabilité publique.

DEUXIÈME PARTIE.

COMPTABILITÉ DES MATIÈRES APPARTENANT À L'ÉTAT.

TITRE VI.

CHAPITRE XXX.

COMPTABILITÉ DES MATIÈRES.

861. Les comptes en matières sont soumis au contrôle de la Cour des comptes.

§ 1er. — DISPOSITIONS GÉNÉRALES.

862. La comptabilité des matières comprend :

1° Les matières de consommation et de transformation ;

2° Les valeurs mobilières ou permanentes de toute espèce.

§ 2. — MATIÈRES DE CONSOMMATION ET DE TRANSFORMATION.

863. La comptabilité des matières de consommation et de transformation appartenant à l'État est régie par les dispositions ci-après.

864. Dans chaque magasin, chantier, usine, arsenal et autre établissement appartenant à l'État et géré pour son compte, il y a un agent ou préposé responsable des matières y déposées.

Cet agent est comptable de la quantité desdites matières, suivant l'unité applicable à chacune d'elles.

865. Les dispositions générales concernant les comptables des deniers publics, et notamment celles des articles 18, 19 et 29 du présent décret, sont applicables aux comptables des matières.

866. Chaque comptable est tenu d'inscrire sur des livres élémentaires l'entrée, la sortie, les transformations, les détériorations, les pertes, déchets et manquants, ainsi que les excédants de toutes les matières confiées à sa garde.

867. Aux époques fixées par les règlements spéciaux de chaque département ministériel, chaque comptable forme d'après ses livres, en observant l'ordre des nomenclatures adoptées pour le service, des relevés résumant, par nature d'entrée et de sortie, et pour chaque espèce de matière distincte ou collective, toutes ses opérations à charge ou à décharge. Ces relevés, contrôlés sur les lieux, sont adressés, par la voie hiérarchique, avec les pièces justificatives, au ministre ordonnateur du service.

Les matières qui, par leur nature ou leur peu de valeur, sont susceptibles d'être réunies, peuvent être présentées, dans les relevés, sous une même unité ou groupées par collection, suivant la classification établie par les nomenclatures.

Dans les trois premiers mois de l'année, chaque comptable établit, en outre, et fait parvenir au Ministre le compte général de sa gestion de l'année précédente.

868. Toute opération d'entrée, de transformation, de consommation ou de sortie de matières doit être appuyée, dans les comptes individuels, de pièces justificatives établissant régulièrement la charge ou la décharge du comptable.

Les manutentions et transformations de matières, ainsi que les déchets ou excédants, sont justifiés par des certificats administratifs.

La nature des pièces justificatives ainsi que les formalités dont elles doivent être revêtues sont déterminées, pour les divers services de chaque département ministériel, par une nomenclature spéciale et d'après les bases générales ci-après, savoir :

Entrées réelles et entrées d'ordre.	Inventaires, procès-verbaux ou récépissés avec certificats de prise en charge par le comptable, factures d'expédition, connaissements ou lettres de voiture.
Sorties réelles et sorties d'ordre.	Ordres en vertu desquels les sorties ont eu lieu, factures d'expédition, procès-verbaux, récépissés, certificats administratifs tenant lieu de récépissés.
Transformations et fabrications, détériorations, déchets ou excédants.	Procès-verbaux constatant les résultats de l'opération, certificats administratifs tenant lieu de procès-verbaux.

869. Dans tous les cas où, par suite de circonstances de force majeure,

un comptable se sera trouvé dans l'impossibilité d'observer les formalités prescrites, il sera admis à se pourvoir auprès du Ministre ordonnateur du service pour obtenir, s'il y a lieu, la décharge de sa responsabilité.

870. Dans les dépôts où les matières ne peuvent pas être soumises à des recensements annuels, les existants au commencement de chaque année et à chaque changement de gestion sont établis par des certificats administratifs. Lesdits certificats tiennent lieu d'inventaire.

871. D'après les documents fournis par les comptables, il est tenu, dans chaque ministère, une comptabilité centrale des matières où sont résumés, après vérification, tous les faits relatés dans ces documents.

Cette comptabilité sert de base aux comptes généraux publiés chaque année par les Ministres.

872. Chaque Ministre, après avoir fait vérifier les comptes individuels des comptables de son département, les transmet à la Cour des comptes avec les pièces justificatives.

Il y joint un résumé général par branche de service.

873. La Cour des comptes, après avoir procédé à la vérification des comptes individuels, statue sur lesdits comptes par voie de déclaration.

Une expédition de chaque déclaration est adressée au Ministre ordonnateur, qui en donne communication au comptable.

Le Ministre, sur le vu de cette déclaration et des observations du comptable, arrête définitivement le compte.

874. Immédiatement après l'arrêté définitif de tous les comptes de chaque année, le Ministre transmet à la Cour des comptes un résumé faisant connaître la suite qui a été donnée à ses déclarations et les redressements que leur prise en considération motivera dans les comptes de la gestion suivante.

875. La Cour des comptes prononce chaque année, en audience solennelle, dans les formes déterminées aux articles 442, 443 et 444 du présent décret, une déclaration générale sur la conformité des résultats des comptes individuels des comptables en matières, avec les résultats des comptes généraux publiés par les Ministres.

876. La même Cour consigne dans son rapport annuel les observations auxquelles aura donné lieu l'exercice de son contrôle, tant sur les comptes individuels que sur les comptes généraux, ainsi que ses vues d'amélioration et de réforme sur la comptabilité en matières.

§ 3. — Valeurs mobilières ou permanentes.

877. La comptabilité des valeurs mobilières ou permanentes embrasse les mobiliers de l'État garnissant les hôtels, pavillons, casernes, quartiers,

chapelles, hôpitaux et autres établissements ; les machines, engins, outils et ustensiles d'exploitation ; les gabarits, modèles, types et étalons ; les bibliothèques, archives, musées, cabinets et laboratoires ; les dépôts de cartes et d'imprimés ; les objets d'art et de science.

878. La comptabilité des valeurs mobilières ou permanentes n'est point soumise au contrôle de la Cour des comptes.

§ 4. — DISPOSITIONS SPÉCIALES.

879. Les règles ci-dessus prescrites ne sont applicables qu'au matériel compris dans l'intérieur de l'Empire ; elles ne concernent ni le matériel des armées actives, ni le matériel en service à bord des bâtiments, ni les comptabilités en matières sur lesquelles la Cour des comptes statue par arrêts conformément aux règlements spéciaux.

880. Le compte général de chaque ministère est soumis à l'examen de la commission instituée annuellement en vertu de l'article 192 du présent décret.

DISPOSITIONS GÉNÉRALES.

881. Des règlements spéciaux sont rendus pour l'exécution du présent décret par les différents services soumis à l'application des règles qu'il prescrit ; ces règlements sont suivis de la nomenclature des pièces à produire à l'appui des opérations des comptables.

Les modifications dont ces règlements et ces nomenclatures pourraient être susceptibles doivent être concertées entre notre Ministre des finances et chaque Ministre compétent.

882. Toutes les dispositions contraires au présent règlement général sont et demeurent abrogées.

883. Nos Ministres secrétaires d'État sont chargés, chacun en ce qui le concerne, d'assurer l'exécution du présent décret, qui sera inséré au Bulletin des lois.

Fait au palais des Tuileries, le 31 mai 1862.

Signé NAPOLÉON.

Par l'Empereur :

Le Ministre Secrétaire d'État des finances,

Signé ACHILLE FOULD.

RAPPORT

AU PRÉSIDENT DE LA RÉPUBLIQUE.

Versailles, le 19 novembre 1871.

Monsieur le Président,

La comptabilité des matières appartenant au département de la guerre est actuellement régie par le règlement du 25 janvier 1845.

Ce règlement, qui avait été adopté en exécution de l'article 14 de la loi du 6 juin 1843 et de l'ordonnance royale du 26 août 1844, avait tenté de réaliser un grand progrès en cherchant à faire marcher de pair, dans la voie de l'ordre et des garanties, la comptabilité des matières avec la comptabilité en deniers, dont elle est le complément obligé.

Le but principal que ce règlement se proposait d'atteindre était d'établir un système de comptabilité fondé sur des bases uniformes pour tous les services de la guerre, malgré les difficultés qui pourraient en résulter pour certains d'entre eux en raison de leur spécialité. Cette uniformité s'imposait déjà à cette époque comme une nécessité, et l'on avait espéré que l'expérience diminuerait peu à peu et ferait même disparaître les obstacles que ce système rencontrerait dans sa première application.

Mais cet espoir ne s'est pas réalisé; les différents services de la guerre ont interprété ce règlement de façons si diverses, qu'au bout

2.

de quelques années, l'œuvre de 1845 avait, pour ainsi dire, disparu
sous le flot des décisions dissemblables émanant des nombreux
bureaux ministériels.

Loin d'obtenir l'unité et la simplicité recherchées, on arriva à une
multiplicité d'écritures pour les comptables et à une divergence
dans les procédés d'application qui provoquèrent bientôt des critiques nombreuses et fondées.

Ces critiques, émanant des fonctionnaires chargés du contrôle,
étaient répétées avec force par la Cour des comptes, qui appelait en
même temps l'attention du Ministre sur la nécessité de reviser le
règlement de la comptabilité des matières. La Cour insistait particulièrement sur l'intérêt qu'il y aurait à établir une corrélation entre
les comptes du matériel de la guerre et les comptes en deniers, c'est-
à-dire à adopter un mode d'écritures qui permît de comparer facilement les résultats de ces deux comptabilités.

Des efforts furent tentés en ce sens par l'administration de la
guerre dès 1852, mais ils furent infructueux; dix ans plus tard, le
décret du 31 mai, portant règlement général sur la comptabilité
publique, ne fit faire aucun progrès à celle des matières, pour laquelle il se borna à rappeler les dispositions de l'ordonnance de
1844. En 1869, un référé de la Cour des comptes vint rappeler à
l'A'dministration la nécessité de faire une nouvelle tentative pour
arriver à une révision satisfaisante des règles de la comptabilité-matières. Une commission fut alors chargée d'élaborer cette difficile
question; elle posa les principes qui ont servi de base au projet de
règlement que j'ai l'honneur de soumettre à votre approbation.

Ce projet semble avoir résolu le problème qui avait été vainement
cherché jusqu'à présent; il apporte l'uniformité dans les règles
applicables aux différents services et la simplification dans les écritures; il donne en outre de nouvelles garanties au contrôle par la
facilité de multiplier les recensements du matériel, et établit enfin
la corrélation entre le compte en deniers et le compte-matières.
Cette corrélation permet de suivre les transformations de la richesse
publique lorsqu'elle passe des caisses du Trésor dans les magasins
et dans les arsenaux de l'État sous la forme d'approvisionnements;
elle donne à l'Assemblée nationale, et par conséquent à la France,
la possibilité de s'assurer que les crédits votés pour les approvisionnements de guerre sont exclusivement consacrés à leur destination.

Les représentants du ministère des finances et de la Cour des
comptes, à l'examen desquels j'ai soumis le projet du nouveau règle-

ment, reconnaissent cet important résultat, car l'avis qu'ils ont émis à cet égard se résume ainsi :

« Le nouveau règlement poursuit avec fermeté la recherche exacte « et consciencieuse de la vérité. Il donne au pays le moyen de lire « couramment dans les actes de l'administration de la guerre et de « voir à quoi aboutissent réellement les sacrifices faits pour la cons- « titution, l'entretien et l'augmentation des approvisionnements. »

C'est là un progrès qu'on ne saurait hésiter à consacrer ; aussi ai-je l'honneur de soumettre ce règlement à votre approbation, convaincu qu'en le revêtant de votre sanction, vous donnerez une action plus énergique au contrôle, un nouveau gage de sécurité à la fortune publique et un élément de force au pays.

Veuillez agréer, Monsieur le Président, l'hommage de mon respectueux dévouement.

Le Ministre de la Guerre,

Gal E. DE CISSEY.

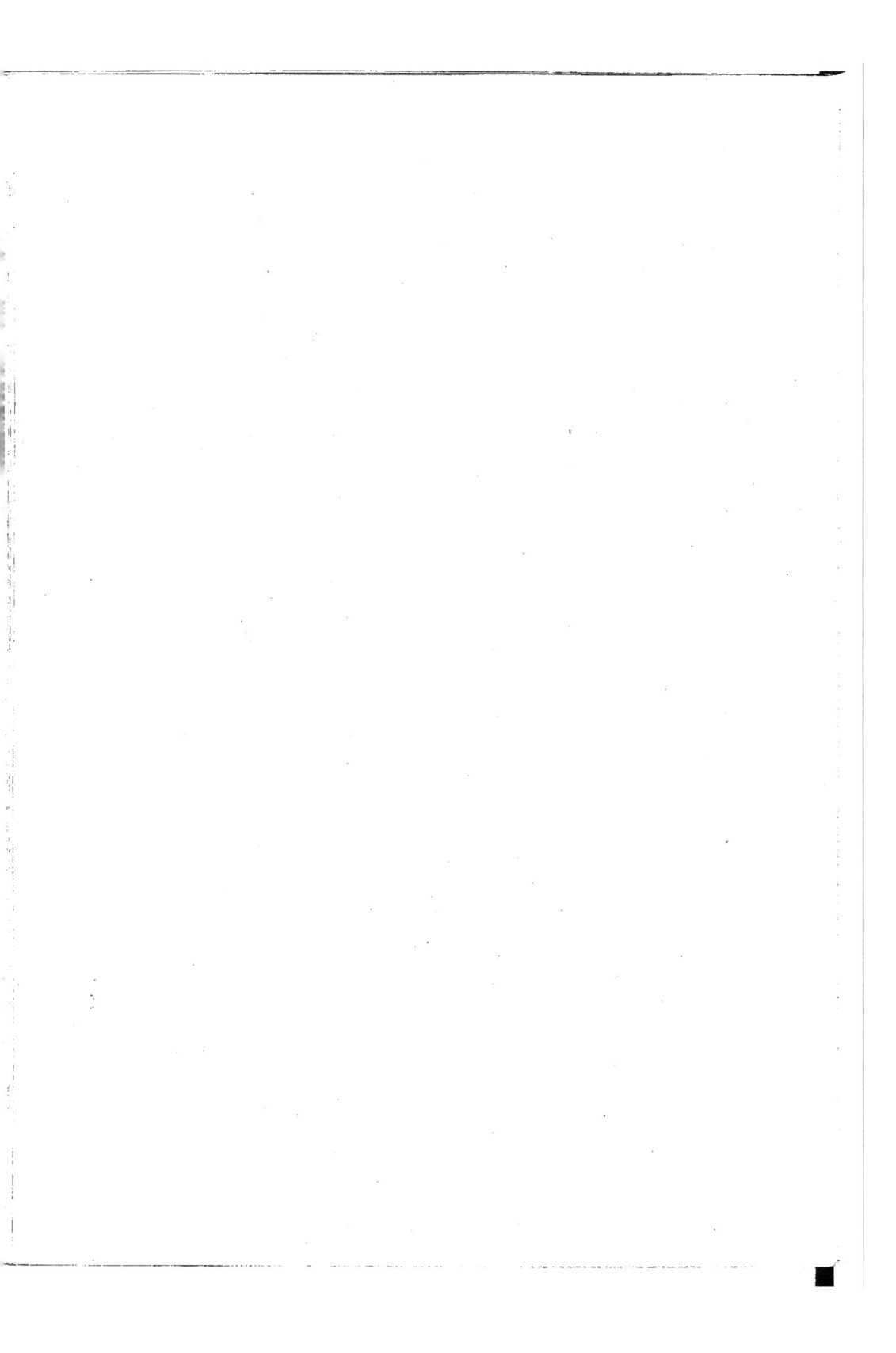

DIRECTION GÉNÉRALE DU CONTRÔLE ET DE LA COMPTABILITÉ.

RAPPORT AU MINISTRE.

Paris, le 9 octobre 1871.

L'article 14 de la loi du 6 juin 1843, portant règlement définitif du budget général de l'exercice 1840, dispose que les comptes-matières de toutes les parties du service public seront soumis au contrôle de la Cour des comptes à partir du 1ᵉʳ janvier 1845, et qu'une ordonnance royale, rendue dans la forme des règlements d'administration publique, déterminera la nature et le mode de ce contrôle.

Conformément aux dispositions de l'article 15 de cette ordonnance qui porte la date du 26 août 1844, le Ministre de la guerre a établi un règlement spécial sur la comptabilité des matières appartenant à son département : c'est le règlement du 25 janvier 1845, encore en vigueur aujourd'hui, lequel prescrit notamment :

1° Que le matériel de la guerre sera divisé en deux grandes catégories : l'une, comprenant les matières, denrées et objets de consommation ou de transformation, dont la gestion sera soumise au contrôle de la Cour des comptes ; l'autre, applicable aux valeurs mobilières ou

La comptabilité-matières est actuellement régie par le Règlement du 25 janvier 1845.

permanentes, dont la comptabilité, purement administrative, n'est pas soumise au contrôle de la Cour;

2° Que dans chaque magasin, chantier, usine, etc. il y aura un préposé responsable des matières y déposées;

3° Que les comptables devront tenir des écritures journalières et produire, à des époques périodiques, des résumés de leurs opérations à charge et à décharge, ainsi que le compte général de leur gestion appuyé des pièces justificatives;

4° Enfin, que le Ministre, après avoir fait vérifier les comptes individuels des comptables, les transmettra à la Cour des comptes, en y joignant un résumé général par service.

En faisant ainsi participer les valeurs matérielles qui forment une si notable portion de la fortune publique, aux puissantes garanties dont se trouvait déjà environnée la comptabilité en deniers, il faut bien reconnaître que l'œuvre inaugurée en 1845 constituait un véritable progrès; mais que, dans l'impossibilité d'atteindre la perfection du premier jet, les auteurs du règlement sur la comptabilité-matières ont entendu laisser à leurs successeurs le soin de concourir au succès d'une mesure à laquelle se rattachent tant de gages de sécurité.

Reproches adressés au Règlement en vigueur.

Quelques années, en effet, étaient à peine écoulées depuis la mise en pratique du règlement de 1845, que le mode de comptabilité-matières commençait à motiver des critiques de la part des fonctionnaires de l'intendance chargés de la surveillance des magasins ou établissements militaires; ces fonctionnaires étaient unanimes pour signaler les trop grandes exigences des écritures que le système imposait aux comptables, dont les fonctions, disaient-ils, étaient presque exclusivement converties en celles de teneurs de livres. Ces plaintes étaient également reproduites, mais plus énergiquement encore, par MM. les intendants militaires chargés des inspections administratives.

C'est qu'aussi, il faut bien le reconnaître, la nécessité de faire suivre le règlement d'une foule de nomenclatures, de modèles, de tarifs, etc. avait encore accru les obligations imposées aux comptables et ajouté aux difficultés qu'éprouvait le contrôle local par suite du défaut d'entente commune ou d'unité de vues dans la rédaction des instructions et des circulaires qui se rapportaient au règlement. Chaque bureau, en effet, réglementait à sa façon le service placé dans ses attributions, sans se préoccuper de savoir si son mode était en harmonie avec celui de son voisin, et sans avoir égard aux divergences qui devaient en résulter dans les services similaires.

En un mot, à tous les divers degrés du contrôle on était unanime à reconnaître la nécessité de rédiger les divers documents réglementaires dans un ordre d'idées unique, en n'introduisant que de légères variantes dans l'application d'un même principe à des services différents.

Toutes ces critiques, fondées déjà il y a quinze ans, le sont devenues davantage depuis, et les modifications divergentes sont telles qu'on est autorisé à dire aujourd'hui que le règlement de 1845 n'existe, pour ainsi dire, plus qu'à l'état de souvenir.

Il est facile de s'en convaincre par l'exposé rapide de ces principales modifications.

Modifications successives apportées au Règlement de 1845.

Ainsi, dès 1849, un décret a supprimé les comptes sommaires trimestriels, dont la production avait été imposée aux comptables par les articles 79, 80 et 81 du règlement de 1845.

A peu près à la même époque, par un accord tacite entre les bureaux de la guerre et la Cour des comptes, les comptes individuels de gestion, au lieu d'être transmis à la Cour au fur et à mesure de leur vérification par les bureaux de l'administration centrale, comme le prescrivait l'article 87, ne lui furent plus adressés que collectivement dans les trois premiers mois de la seconde année qui suivait celle de la gestion ; dès lors les livres spéciaux prescrits par l'article 85 du règlement n'avaient plus leur raison d'être et cessèrent d'être tenus au ministère de la guerre.

Le service des hôpitaux n'a conservé qu'un seul relevé récapitulatif, servant en même temps de compte de gestion, tandis que tous les autres services transmettent quatre de ces relevés et un compte de gestion distinct.

Le relevé récapitulatif du service des hôpitaux est établi par pièce justificative et par unité sommaire, tandis que les relevés des autres services sont pris sur le grand livre et par unité simple.

Dans les services de l'habillement, du harnachement et du campement, le premier relevé trimestriel répète dans une colonne spéciale les unités simples de l'inventaire précédent de fin d'année ; le second reprend, également par unité simple, le reste du premier ; le troisième, le reste du deuxième ; le quatrième, enfin, le reste du troisième. De sorte que le reste du quatrième de ces relevés présente par unité simple les mêmes quantités que l'inventaire final. Cette marche est correcte, mais impraticable en ce qui concerne les services d'une nomenclature incomparablement plus considérable que celles de ces services.

Ainsi, dans les services de l'artillerie, du génie, etc., les relevés récapitulatifs sont, à la vérité, tenus par unité simple, mais aucun lien n'existe entre le premier de ces documents et le second, ni entre celui-ci et le troisième; aucun entre le troisième et le quatrième, ni entre celui-ci et l'inventaire final. Le compte qui les assemble, c'est le compte de gestion. Or il n'est tenu que par unité sommaire, et comme ce compte est le trait d'union qui conduit à l'inventaire final, on n'arrive à cet inventaire que par unité sommaire.

La même observation s'applique au relevé récapitulatif unique du service des hôpitaux : ce relevé, tenu par unité sommaire, ne saurait contrôler que d'une manière imparfaite les résultats fournis par le recensement effectif en fin d'année ou en fin de gestion.

Pour les services des hôpitaux et des subsistances, le livre journal et le grand livre prescrits par l'article 71 du règlement de 1845 paraissent être devenus des rouages à écritures inutiles; car le premier de ces services, ainsi qu'on l'a dit plus haut, établit son compte d'après sa main courante.

Un des points fondamentaux du règlement de 1845, c'est la division du matériel en deux catégories : en matériel de consommation et en matériel permanent. Or il n'est pas dans toute la comptabilité-matières un seul principe qui ait mis à jour plus de variations que celui-là.

A l'exception du service du génie, dont la nomenclature est restée stationnaire et dont le matériel de consommation (1ʳᵉ catégorie) est monté, au 31 décembre 1867, à 1,149,973 francs, et le matériel permanent (2ᵉ catégorie) à 18,234,903 francs, tous les services ont fait des efforts louables pour comprendre dans la première catégorie toute la portion de leur matériel qui semblait pouvoir y être englobée.

La valeur de la seconde catégorie du service des vivres est encore de 4 millions ; ce service se trouve presque dans le même cas que celui du génie.

Le service des hôpitaux, qui, à l'origine, ne faisait figurer dans sa nomenclature que les médicaments, les objets de pansement et de sépulture, a successivement étendu sa nomenclature à tous les objets autres que les meubles garnissant les appartements des fonctionnaires et préposés.

Il en est de même du service des invalides : la nomenclature actuelle de ce service ne laisse dans la deuxième catégorie que le mobilier du gouverneur.

Le service de l'artillerie a reporté de la deuxième catégorie dans la première, déjà à partir de 1850, tous les outils et toutes les machines; mais il laisse encore en dehors du contrôle de la Cour des comptes des objets d'une valeur de 3 millions.

La valeur de la deuxième catégorie du dépôt de la guerre est de 5 millions.

Celle de l'habillement et du campement est de 21 millions. Ce service laisse en dehors de la première catégorie tout son matériel d'exploitation, les cartes, les livres, etc.

Dans ce service, il existe, en outre, des comptes spéciaux pour les effets de petit équipement et les matériaux d'emballage qui ne se rattachent ni à la première ni à la deuxième catégorie.

Quant au service du harnachement, il se trouve dans la même position que celui des hôpitaux : à partir du 1er avril 1865, sa deuxième catégorie a été fondue dans la première.

Une situation pareille, qui détruisait complétement l'œuvre créée en 1845, motivait de fréquentes critiques de la part de la Cour des comptes, qui dès 1852 signalait la nécessité d'introduire dans la comptabilité du matériel de la guerre plus de simplification et d'uniformité. Cette haute juridiction exprimait également le désir que des efforts fussent tentés par l'administration de la guerre pour obtenir, à l'instar de la marine, qui produisait ses comptes en quantités et en valeurs, la corrélation du compte du matériel avec le compte financier.

L'œuvre entreprise pour satisfaire au double vœu émis par la Cour des comptes était considérable et entourée de difficultés sérieuses; aussi procédait-on lentement, lorsque, au mois d'août 1869, un référé de la Cour est venu rappeler au Ministre que le moment était arrivé, pour le département de la guerre, de terminer son travail de transformation de la comptabilité-matières, et de mettre en pratique les essais qui avaient dû être tentés pour arriver à la corrélation de la comptabilité-matières avec celle des deniers.

Le Ministre nomma alors une commission spéciale, chargée d'examiner les règles à fixer pour la comptabilité du matériel de la guerre.

Nécessité de le reviser.

Commission chargée d'étudier les nouvelles règles à fixer pour la comptabilité-matières.

3.

Cette commission, présidée par un intendant général, était composée de fonctionnaires de l'intendance, de deux délégués de l'administration centrale représentant les armes spéciales de l'artillerie et du génie, d'un sous-directeur du parc des équipages militaires, de trois officiers d'administration principaux des services des subsistances, de l'habillement et des hôpitaux, et avait pour secrétaire le sous-chef du bureau des comptes-matières du ministère de la guerre. Tous les services y étaient donc représentés.

Le Ministre, en signalant les nombreuses divergences auxquelles l'application du règlement de 1845 donnait lieu dans les différents services de son département, indiquait à la commission les points principaux sur lesquels devaient se porter ses études.

Prenant pour base de son travail les indications du Ministre et les vœux exprimés par la Cour des comptes dans son référé du 30 août 1869, la commission a recherché les modifications qu'il était à propos d'introduire dans le règlement du 25 janvier 1845 pour arriver à l'uniformité et à la simplification désirées, en même temps qu'à la corrélation recherchée.

Principales questions
étudiées
par la Commission.

Elle a voulu d'abord établir les principes sur lesquels devaient reposer les modifications à apporter au règlement actuel, et elle a été ainsi amenée à étudier les questions suivantes qui lui avaient été posées par le Ministre :

1° Réunion du matériel en une seule catégorie;

2° Concentration en groupes des objets qui peuvent être réunis;

3° Élimination de la nomenclature, et par conséquent de la comptabilité-matières, de tous les objets qui ne donnent pas lieu à approvisionnement, et dont on peut justifier en valeur seulement;

4° Uniformité de classement pour les matières et effets dans les différents services;

5° Réduction du nombre des entrées et des sorties;

6° Corrélation qui peut être utilement établie entre les comptes-matières et les comptes en deniers;

7° Application aux établissements de l'Algérie des règles suivies à l'intérieur pour la comptabilité-matières;

8° Dispositions auxquelles doit être soumise la comptabilité du matériel dans les corps de troupes ;

9° Forme nouvelle à donner aux comptes-matières pour appliquer les principes qui précèdent et pour simplifier les écritures.

Ces diverses questions ont été l'objet d'études approfondies, de longues discussions où chacun des services du département de la guerre a pu éclairer la commission sur les exigences qui lui étaient propres, sur ses besoins particuliers et sur la facilité ou la difficulté qu'il éprouverait à soumettre sa comptabilité à une règle uniforme si désirable et à des simplifications que l'expérience avait démontrées si nécessaires.

Dans l'ordre naturel des faits, la première question qui se présenta à la commission fut l'étude des matières qui devaient être soumises aux règles de la comptabilité, c'est-à-dire comprises dans la première catégorie, et la commission fut frappée des différences si complètes qui existaient à cet égard dans chacun des services du département de la guerre.

C'est qu'en effet, à part le service du génie, le service des subsistances et, en partie, celui du campement, qui s'en sont tenus aux prescriptions du règlement du 25 janvier 1845, tous les autres ont été entraînés, par la nécessité de simplifier leurs écritures, à chercher à n'avoir plus qu'une seule catégorie de matériel.

Ainsi, d'après le paragraphe 1er de l'article 1er du règlement de 1845, la première catégorie comprend les matières, denrées et objets en service, destinés soit à la consommation, soit à des *transformations déterminées par les besoins des différents services*. Or, pour l'artillerie, par exemple, on aurait dû ranger dans cette catégorie tous les outils et ustensiles implicitement désignés au paragraphe 2 du même article 1er, et explicitement nommés à l'article 98 comme appartenant à la deuxième catégorie ; car ces outils, confectionnés pour la plupart dans les établissements de l'arme, y sont consommés dans les fabrications de matériel, ou, pour mieux dire, y sont transformés en vieilles matières, qui, à leur tour, doivent y être transformées en outils neufs.

Le service de l'artillerie reconnut donc l'impossibilité de porter la lumière dans ses propres comptes, s'il ne tenait pas, pour lui-même, en ce qui concernait ceux des objets de la deuxième catégorie qui, autant et plus que les objets de la première, subissaient des transformations, une comptabilité identique à celle que l'on exigeait de lui pour la première catégorie, mais distincte de cette comptabilité et soustraite au contrôle de la Cour des comptes. Une instruction

Réunion du matériel en une seule catégorie.

spéciale, en date du 1ᵉʳ mars 1847, rendit obligatoire pour les établissements de l'artillerie cette comptabilité administrative des objets de la deuxième catégorie.

Les comptes-matières furent dès lors plus nets; mais leur clarté n'avait été obtenue qu'à l'aide d'une grande complication et d'un surcroît de travail énorme. Les rapports demandés par les inspecteurs généraux, en 1847 et 1848, aux divers établissements, font ressortir avec force la complication due à l'existence de deux catégories distinctes de matériel, et insistent sur la nécessité de supprimer une distinction inutile et nuisible, puisque le nombre des pièces de comptabilité se trouvait ainsi presque doublé. Aussi le Ministre décida-t-il, le 20 décembre 1849, que désormais la première catégorie comprendrait tous les outils, machines, ustensiles et objets mobiliers en usage dans l'artillerie, qui avaient été classés jusqu'alors dans la deuxième catégorie, et il fit disparaître ainsi de la comptabilité les mouvements qui rendaient obscure et compliquée la justification de l'emploi des matières dans la confection ou la réparation des nombreux objets de ce service.

L'artillerie ne laissa donc plus en dehors de la première catégorie que les musées, bibliothèques, archives, cartes, plans, et en général les valeurs permanentes.

En 1852, le service des équipages militaires, par des considérations identiques, fit aussi rentrer dans la première catégorie tous les objets que l'artillerie avait compris sous ce titre.

C'est encore la même pensée, le même désir d'arriver à une simplification des écritures qui amena peu à peu le service des hôpitaux à fondre les deux catégories en une seule, comme le prouvent la note préliminaire de l'instruction du 6 juillet 1850, et surtout celle qui précède l'instruction du 31 juillet 1857, ainsi conçue :
« La fusion des deux nomenclatures de la première et de la deuxième
« catégorie du matériel du service des hôpitaux militaires en une
« seule s'est présentée tout d'abord comme devant résoudre en grande
« partie la question des simplifications à apporter dans la justifica-
« tion des opérations et dans la tenue des écritures, puisque, indé-
« pendamment de la suppression des livres, des comptes et des re-
« levés spéciaux de la deuxième catégorie, elle permet de réunir sur
« les mêmes pièces justificatives les opérations de même nature pour
« lesquelles il fallait des pièces séparées. »

Frappée de cette tendance des services les plus importants à n'avoir plus qu'une seule catégorie de matériel pour arriver à la simplification des écritures, la commission s'est demandé s'il ne serait pas possible de réunir, dans tous les services, le matériel en une seule catégorie, et d'atteindre ainsi la limite de la simplification et de l'uniformité, tout en augmentant les garanties du contrôle, puisque désormais tout le matériel se trouverait soumis à la juridiction de la Cour des comptes.

Pour le service des hôpitaux, cette fusion est déjà un fait accompli.

Les services de l'artillerie et des équipages ont été d'avis que cette mesure n'aurait d'autre inconvénient qu'un surcroît de travail momentané, occasionné par le changement de système, et qu'une fois la mesure adoptée, le travail serait au contraire diminué. Le service du génie a déclaré que, si la commission adoptait un système de comptabilité plus simple que celui qui est actuellement en vigueur, il ne verrait pas d'inconvénient à classer tout son matériel en une seule catégorie. Le service du campement s'est aussi rangé à l'avis de fondre les deux catégories. Le représentant des subsistances militaires seul a demandé le maintien dans la deuxième catégorie du mobilier et des effets et objets de minime valeur.

La majorité de la commission a donc adopté le principe de la réunion du matériel en une seule catégorie, soumise au contrôle de la Cour des comptes.

Sur la seconde question : « Concentration en groupes des objets « qui peuvent être réunis, » la commission a été unanime à penser que l'on devait former dans les nomenclatures toutes les unités collectives nécessaires pour rendre les comptes plus commodes et plus clairs et surtout pour faciliter l'établissement des résumés généraux, en laissant toutefois à chaque service le soin d'apprécier dans quelle mesure ce principe serait appliqué.

Concentration en groupes des objets qui peuvent être réunis.

La révision des nomenclatures étant nécessaire, la commission, dans le but de les simplifier, a cherché s'il n'existait pas dans chaque service des objets qui, ne donnant pas lieu à approvisionnement, seraient susceptibles d'être éliminés de ces nomenclatures, et de disparaître, par conséquent, de la comptabilité-matières, parce que la dépense résultant de l'achat de ces objets pourrait être justifiée dans les comptes en deniers.

Élimination de la nomenclature des objets qui ne donnent pas lieu à approvisionnement.

Il est bien évident, en effet, que les denrées alimentaires telles que le poisson, la viande, etc. qui sont consommées aussitôt qu'achetées, ne sauraient faire partie du matériel de la guerre proprement dit.

Pourquoi alors les comprendre dans la comptabilité-matières ? N'est-il pas plus rationnel de ne justifier de l'emploi régulier de ces denrées qu'en valeur seulement ?

Cette question a été résolue affirmativement par le service des hôpitaux, en ce qui concerne tous les objets qui servent à former le prix de la journée d'hôpital, à l'exception toutefois des médicaments et des objets de pansement.

En effet, tous les objets compris dans ces chapitres ne donnent pas lieu à des approvisionnements, et sont en quelque sorte consommés au fur et à mesure des achats.

L'intérêt qu'il y aurait à continuer de les faire figurer dans les comptes-matières disparaît si l'on adopte une combinaison bien entendue des comptes en deniers, qui permette de justifier complétement et plus simplement des achats et des consommations.

Pour donner une idée des simplifications que l'adoption de cette mesure apporterait dans les écritures des hôpitaux, il suffit de citer l'exemple suivant :

A l'hôpital du Val-de-Grâce, les objets dont il s'agit donnent lieu par an, en moyenne, avec le système actuel, à l'établissement de 400 pièces qu'il faut inscrire au journal, à 1,200 inscriptions au grand livre pour les entrées et à 1,800 inscriptions pour les sorties. En 1869, le compte de gestion de cet hôpital était appuyé de 438 pièces; avec le système proposé le nombre de ces pièces serait réduit à 40 au plus, donnant les mêmes garanties au point de vue du contrôle.

En présence de ces résultats, la commission n'a pu hésiter à proposer de faire disparaître des comptes-matières du service des hôpitaux les chapitres suivants :

II. Alimentation;

III. Chauffage, éclairage et propreté;

IV. Blanchissage;

V. Entretien, réparation;

VI. Objets de bureaux;

VII. Sépulture.

Elle a pensé, en outre, que dans tous les services indistinctement on pourrait faire disparaître les objets de bureau de la comptabilité-matières et y apporter ainsi une simplification nouvelle.

Le règlement de 1845 classait les objets de matériel en :

Uniformité de classeme;
pour les matières.

> Neufs;
>
> Bons;
>
> A réparer ou médiocres;
>
> Hors de service.

Or chaque service a aujourd'hui son classement particulier; ainsi le campement s'en est tenu aux prescriptions de 1845; les hôpitaux ne distinguent que les objets neufs et en service, et font figurer les objets hors de service sous un numéro spécial, à la gauche de la nomenclature; dans l'artillerie et dans les équipages, le classement neuf est confondu avec le classement *en service;* enfin le génie n'a aucune espèce de classement.

Afin de ramener dans les divers services une unité désirable et de simplifier en même temps les écritures, la commission a pensé qu'il serait à propos d'adopter le classement uniforme suivant :

> Neuf;
>
> Bon pour le service;
>
> A réparer.

Les objets hors de service figureraient à la gauche de la nomenclature, sous un numéro spécial, comme cela se pratique déjà dans les hôpitaux, dans le génie et dans les équipages militaires.

Un autre point important, sur lequel il y a une grande diversité dans la manière d'opérer des différents services, est la distinction des entrées ou des sorties.

Réduction
du nombre des entrées
et des sorties.

Le règlement de 1845 distingue :

1° Les entrées ou sorties *réelles,* qui ont pour effet d'accroître ou de réduire l'actif du département de la guerre;

2° Lse entrées ou sorties *intérieures,* qui résultent des mouvements auxqquels donnent lieu les transformations et les confections;

3° Les entrées ou sorties *d'ordre,* dont l'effet unique est de déplacer la responsabilité des comptables sans affecter l'actif du département de la guerre.

Certains services s'en sont tenus à cette prescription; mais le service de l'artillerie a actuellement cinq sortes d'entrées et sept sortes de sorties; celui des subsistances compte sept sortes d'entrées et autant de sorties. Ce sont là de grandes complications dans les écritures et dans les livres, qui se trouvent ainsi surchargés de colonnes au moins inutiles. Aussi, non-seulement la commission a-t-elle décidé *à priori* de réduire à trois, comme le règlement de 1845, le nombre des opérations; mais elle s'est ensuite demandé si les entrées et les sorties intérieures avaient bien leur raison d'être. Elles se composent exclusivement des transformations et des fabrications, et il paraît bien spécieux de distinguer ces opérations des entrées et des sorties réelles, qui ont pour effet d'augmenter ou de réduire l'actif du département de la guerre. Pourquoi ces distinctions? Est-ce que l'avoir de l'État est resté le même, quand de la toile et du drap ont été convertis en effets d'habillement; quand le blé est devenu de la farine, et la farine du pain; quand avec ses bois l'artillerie a fait des affûts? Et les objets ainsi obtenus n'ont-ils pas pris une valeur autre que celle des matières avec lesquelles ils ont été formés? Puisque les entrées et les sorties intérieures modifient tout aussi bien l'actif du département de la guerre que les entrées et les sorties réelles, il a paru logique de proposer de les confondre dans une même dénomination, et d'apporter ainsi une simplification rationnelle dans la comptabilité.

Les opérations devraient désormais être réduites aux :

Entrées ou sorties réelles;
Entrées ou sorties d'ordre.

Corrélation
entre les comptes-matières
et
les comptes en deniers.

La modification la plus importante et la plus nouvelle à introduire dans la comptabilité du matériel de la guerre était la corrélation que la Cour des comptes demandait d'établir entre les entrées en matières et les dépenses en deniers.

Ce vœu, exprimé une première fois en 1852, avait donné lieu, de la part de l'administration de la guerre, à des études qui ne furent pas couronnées de succès; et le Ministre, en exposant les obstacles que la tentative avait rencontrés, déclara que la question, bien qu'ajournée, n'était pas abandonnée; mais qu'avant de chercher une nouvelle solution, il fallait laisser à la comptabilité-matières, encore au berceau, le temps de grandir et de se fortifier. Aussi, en 1869, la Cour a-t-elle pensé que, dix-sept années s'étant écoulées, la comptabilité-matières avait pu atteindre tous ses développements, et que le moment était par conséquent venu de reprendre cette étude de la corrélation, dont elle définit, dans son référé du 30 août, l'importance dans les termes suivants :

« Il n'est pas besoin de s'étendre sur les avantages que présenterait « cette corrélation. Parmi les sommes employées chaque année pour

« les services publics, les unes se trouvent consommées par la dépense
« même; mais les autres, consacrées à des achats de matériel, ne dis-
« paraissent pas de l'actif de l'État; elles se bornent à passer, sous une
« forme nouvelle, des caisses du Trésor dans les magasins et les ar-
« senaux. On ne saurait méconnaître, au point de vue du contrôle, le
« mérite d'une méthode au moyen de laquelle on pourrait facilement
« saisir cette opération et suivre les valeurs de l'État dans leurs di-
« verses transformations. Ce procédé aurait notamment l'avantage
« de former la meilleure justification d'une des plus importantes opé-
« rations de la comptabilité-matières : *les entrées à charge de payement.* »

Pour arriver à une corrélation générale, c'est-à-dire à une corrélation portant sur les résultats généraux du compte-deniers et du
compte-matières publiés chaque année par le Ministre, le procédé
pratique qui se présente tout d'abord, c'est d'indiquer dans le compte-
matières, à côté des unités entrées, la valeur en argent de ces unités ;
non pas une valeur de convention, mais le prix réellement payé.

On parviendrait ainsi à reconnaître la valeur de toutes les entrées
à charge de payement, et, en ayant soin de l'inscrire dans une
colonne spéciale en regard de chaque matière, il ne resterait plus
qu'à en opérer le rapprochement avec le compte-deniers.

Mais une première difficulté se présente, c'est que la concordance
entre le compte en deniers de l'exercice et le compte-matières de la
période annale répondant à cet exercice peut être altérée par les
deux causes suivantes :

1° Par la faculté accordée à l'administration de faire des approvisionnements de vivres et de fourrages avant l'ouverture de l'exercice
sur lequel ils doivent être payés ;

2° Par la faculté d'achever jusqu'au 1er février de la seconde année
les services du matériel dont l'exécution n'aurait pu être terminée
avant le 31 décembre.

Il pourra donc arriver que les matières entrées pendant le cours
d'une année donnent lieu à des payements imputables sur trois exer-
cices différents.

Pour que le compte-matières ne comprenne que les seules dépenses
imputables sur le crédit législatif de l'année du compte, la commission a pensé qu'il suffisait d'adopter la règle suivante :

Lorsqu'une dépense sera imputable sur un exercice autre que celui
de l'année du compte-matières, elle ne figurera parmi les opérations
du compte que comme entrée sans dépense en deniers ; mais elle

4.

figurera en outre, dans les écritures de l'année d'imputation, tout à la fois aux entrées à charge de payement et aux sorties ne donnant pas lieu à payement.

Ainsi disparaît cette première difficulté de comparer les résultats du compte-matières et du compte en deniers.

Le second obstacle à ce rapprochement, et il semble moins difficile à surmonter, c'est que le compte en deniers ne contient pas, pour chacun de ses chapitres, un article ou paragraphe spécial destiné aux achats de matières.

En ce qui concerne les équipages militaires, la remonte générale, le harnachement, l'artillerie, l'école de maréchalerie et les invalides de la guerre, le compte en deniers est susceptible de la corrélation, sans qu'il y ait presque aucune modification à y introduire.

Pour le campement et l'habillement, il suffirait d'un léger changement dans la contexture de ce compte.

Enfin, pour le service du génie, des vivres, des fourrages et des hôpitaux, le compte devrait subir une modification, qui semble d'ailleurs facile à établir.

Indépendamment de cette corrélation générale, il a paru possible d'établir une corrélation particulière, c'est-à-dire une corrélation établie entre chacune des opérations du compte-matières et les opérations semblables du compte-deniers, en prescrivant pour tous les services de porter sur la pièce justificative de chaque entrée à charge de payement le montant de la dépense et le numéro de la pièce correspondante dans la comptabilité-deniers, et d'appuyer, en outre, la pièce d'entrée soit des talons des factures d'achat, dans les services où il existe des registres à souche, soit des extraits sommaires des marchés.

Il est à remarquer que dans certains cas, notamment lorsque le marché a été passé par le Ministre, le comptable et le contrôle local lui-même ignorent les prix d'achat, et qu'ils ne peuvent, par suite, porter sur les pièces justificatives les renseignements prescrits; mais cette lacune sera facilement comblée par le contrôle central, au moment de la vérification des comptes.

Le principe de la corrélation étant adopté, la commission a étudié la question suivante :

Application
aux établissements
de l'Algérie
des
règles suivies à l'intérieur.

Les règles suivies à l'intérieur pour la comptabilité-matières ne peuvent-elles pas être appliquées aux établissements de l'Algérie.

La commission a été unanime à reconnaître que si la situation de l'Algérie en 1845, époque de la rédaction du règlement, avait pu expliquer une exception en faveur des établissements de cette colonie, aujourd'hui rien ne saurait plus motiver une semblable disposition, et elle a pensé, par suite, qu'il convenait d'appliquer à tous nos établissements une uniformité de règles qui amènera une véritable simplification dans la comptabilité-matières.

Le règlement de 1845 ne contient d'autre disposition, en ce qui concerne le matériel entre les mains des corps de troupe, que celle de l'article 56, qui prescrit de faire entrer ce matériel dans la composition de l'actif des magasins et établissements. Cette prescription n'est pas pratique; car ce matériel, étant sorti des magasins, ne saurait figurer dans l'inventaire de ces établissements; aussi n'a-t-elle jamais reçu son application. Elle a donc été supprimée dans le projet de règlement.

Comptabilité du matériel dans les corps de troupe.

La commission a recherché, en outre, s'il serait utile de prescrire pour ce matériel les mêmes règles que pour celui qui est réuni dans les magasins de l'État. Deux services, celui de l'artillerie et celui de l'habillement, étaient plus particulièrement intéressés à la solution de cette question, en raison du matériel considérable confié par ces services aux corps de troupe. Les représentants de ces deux services, et toute la commission avec eux, ont reconnu que les règles actuelles de la comptabilité des corps sont d'une clarté et d'une simplicité qui militent en faveur de leur maintien.

Ce qu'il importe de connaître pour compléter le compte général, qui résume l'actif du département de la guerre, c'est la valeur de ce matériel existant dans les corps de troupe, et cette valeur est donnée dans les inventaires que fournissent les corps en fin d'année.

La commission a donc pensé qu'il n'y avait pas de modifications à apporter aux règles en vigueur pour la comptabilité de ce matériel.

Après avoir admis ces principes, il restait à trouver pour les comptes-matières une forme nouvelle qui permît de les appliquer.

Forme nouvelle à donner aux comptes-matières.

Le projet joint au présent rapport semble avoir résolu la question, tout en apportant une grande simplification dans les écritures.

Ces écritures se réduisent, en effet, aux pièces justificatives qui sont la base de toute comptabilité, à un registre journal d'un modèle simplifié et enfin à un grand livre qui, comprenant toutes les opérations, non-seulement présente la corrélation demandée par la Cour des comptes, mais encore tient lieu de compte de gestion et d'inventaire.

Ce livre, qui prend le nom de *Compte annuel de gestion*, est établi en deux expéditions, et, dans les grands établissements où la gestion comprend plusieurs services, tenu distinctement par service. Un article est ouvert dans ce compte à chaque objet de la nomenclature, et les opérations y sont portées au jour le jour, d'après les pièces justificatives, qui sont d'abord inscrites sommairement au registre-journal.

Ce compte est vérifié au moins une fois dans le cours de chaque trimestre par le contrôle local ; en fin d'année il est totalisé et certifié par le comptable, vérifié et arrêté par le sous-intendant militaire, et une expédition en est transmise, par la voie hiérarchique, au Ministre de la guerre avec toutes les pièces justificatives. Après la vérification du contrôle central, et après que les résultats en ont été consignés sur les résumés généraux, il est adressé, avec les pièces qui l'accompagnent, à la Cour des comptes.

Avantages du système proposé

Ce nouveau système présenterait au point de vue du contrôle des garanties sur lesquelles il est utile d'insister : garanties pour le recensement effectif du matériel, garanties pour la vérification plus complète des écritures.

Dans le système actuel, le grand livre est rarement tenu à jour ; les écritures sont si nombreuses que les comptables ne peuvent pas toujours y suffire et ne transcrivent guère les opérations sur le grand livre qu'en fin d'année ou au moment des inspections.

Or c'est le grand livre seul qui permet, par la balance des écritures, de s'assurer des quantités qui devraient exister en magasin.

La première garantie de la moralité d'une gestion est certainement la facilité donnée au contrôle d'en vérifier, à tout instant et sans un travail trop considérable, les diverses opérations. Dans le système en vigueur cette vérification rapide et réitérée est impossible, précisément parce que le grand livre n'est pas tenu à jour.

Le compte annuel proposé sera au contraire forcément au courant, et le contrôle local pourra, à tout instant, faire rapidement le recensement du matériel existant dans un magasin.

A ce sujet, une amélioration a été encore introduite dans le projet :

Le règlement de 1845 prescrit de procéder, au 31 décembre de chaque année, au recensement effectif de tout le matériel; l'expérience a démontré que cette prescription n'est pas pratique et qu'il n'est pas possible qu'un fonctionnaire chargé de la surveillance administrative de deux ou trois grands établissements, et même d'un seul, puisse, dans la journée du 31 décembre, inventorier réellement tout ce qui existe dans son service. Le nouveau projet propose donc de prescrire qu'il soit procédé au recensement du matériel à des époques indéterminées et de multiplier ces recensements partiels, et autant que possible inopinés, de façon à inventorier dans le courant de chaque année tout le matériel de chaque établissement.

Quant aux garanties que donne le système proposé d'une vérification plus complète des écritures, elles sont faciles à saisir :

Dans l'état actuel des choses, le grand livre, du moins pour les établissements importants, se compose de plusieurs volumes (quelquefois une douzaine) de dimensions et de poids tellement considérables qu'on recule toujours devant leur déplacement. Lorsque le sous-intendant veut le vérifier, il faut donc qu'il aille en personne dans l'établissement; le règlement du 15 décembre 1869 sur le service des directions territoriales d'artillerie l'y oblige même, en disposant que ce fonctionnaire peut se faire présenter tous les registres, mais « sans déplacement. »

C'est un travail fort long, rendu plus difficile par l'obligation de vérifier ces livres sur place, et qui devrait se faire quatre fois l'an. Aussi, en réalité, ne le fait-on que très-superficiellement, de telle sorte que l'action du contrôle local sur les comptes-matières n'est pas, il faut bien l'avouer, aussi complète qu'elle devrait l'être.

Qu'au contraire les livres soient rendus plus maniables, comme le propose le nouveau projet; qu'on puisse les transporter à volonté dans les bureaux du sous-intendant; que ce fonctionnaire puisse, indépendamment de son propre examen, employer à leur vérification le personnel dont il dispose: alors l'exercice de ce contrôle n'est plus entravé par la force des choses; les mouvements du matériel peuvent toujours être suivis avec soin, et bien des faits négligés aujourd'hui, faute de temps et de facilités dans la vérification, n'échapperont plus à des investigations sérieusement effectuées. On aura ainsi donné plus de force au contrôle local en allégeant la tâche du contrôle central.

Enfin le nouveau projet apporterait dans les écritures des simplifications dont il est facile de se rendre compte par la comparaison suivante des deux modes de comptabilité.

Les écritures nécessaires pour constater toutes les opérations de la comptabilité du matériel de la guerre sont les suivantes :

SYSTÈME ACTUEL.	SYSTÈME PROPOSÉ.
1° Les pièces d'entrée et de sortie ou pièces justificatives ;	1° Les pièces justificatives ;
2° Un registre journal sur lequel sont inscrites toutes les opérations dans leur ordre chronologique et qui n'est en somme que la copie des pièces justificatives ;	2° Un registre journal d'un modèle simplifié ;
3° Un grand livre sur lequel un compte est ouvert à chaque objet, c'est-à-dire à chaque unité simple de la nomenclature ;	3° Un compte annuel présentant la corrélation, devenant en fin d'année compte de gestion et servant d'inventaires ; deux expéditions.
4° Des relevés récapitulatifs qui, dans tous les services, celui des hôpitaux excepté, ne sont que la copie du grand livre et sont établis trimestriellement, c'est-à-dire quatre fois par an, et en triple expédition ;	Supprimés.
5° Un compte de gestion établi par unité sommaire et en trois ou quatre expéditions, suivant les services ;	Supprimé.
6° Un inventaire en trois ou quatre expéditions.	Supprimé.

Conclusion. En résumé, le nouveau système de comptabilité-matières réaliserait les progrès suivants :

1° Simplifications nombreuses dans les écritures, par suite de la réunion du matériel en une seule catégorie, de la concentration en groupes des objets qui peuvent être réunis, de l'élimination de la nomenclature de tous les objets qui ne donnent pas lieu à approvisionnement, de la réduction des entrées et des sorties à deux sortes, de l'adoption des mêmes règles pour les établissements de l'Algérie que pour ceux de l'intérieur, et enfin de la nouvelle forme adoptée pour les comptes ;

2° Nouvelles garanties données au contrôle par la facilité de multiplier les recensements effectifs et de pouvoir vérifier plus complétement les écritures;

3° Uniformité dans les règles applicables aux différents services du département de la guerre;

4° Corrélation entre le compte en deniers et le compte-matières.

On ne saurait trop insister sur ce dernier avantage.

C'est qu'en effet, le principe de la corrélation entre le compte-finances et le compte-matières serait un progrès non-seulement au point de vue du contrôle de la Cour des comptes, mais surtout au point de vue de la sincérité du budget, dont tous les chapitres doivent être respectés.

Le département de la guerre ne saurait être considéré comme un abonnataire, libre de disposer, suivant les circonstances, des sommes qui lui sont accordées par la Chambre, pourvu qu'il n'en dépasse pas les limites; la loi, au contraire, fixe l'emploi des crédits par chapitres, et les virements ne doivent être que l'exception.

Or les comptes actuels du matériel de la guerre n'indiquent pas la valeur réelle de la richesse mobilière de ce département, mais une valeur de convention; ils ne permettent pas, puisque les entrées à charge de payement n'y figurent qu'en quantités, de distinguer ce qui a été acquis pendant l'année, et par conséquent de voir si les crédits alloués pour le matériel ont reçu leur destination.

C'est un écueil que l'on doit éviter.

Il faut, en outre, que l'on puisse se rendre compte de l'accroissement annuel du matériel, afin d'arriver à constituer successivement les ressources nécessaires; car ce serait une erreur grave de croire qu'au moment du besoin, on peut, même avec des crédits suffisants, créer immédiatement les approvisionnements de toute nature qu'exige une armée nombreuse; le commerce et l'industrie ne sont pas en mesure de pourvoir instantanément à tous les besoins, et les fournitures, même insuffisantes, faites dans ces circonstances ne présentent pas les conditions de qualité et d'économie que l'on peut obtenir en se préparant de longue main.

Chaque année, chaque budget doit donc contribuer à former progressivement ces approvisionnements généraux; et une fois que la loi a fixé les sommes à affecter à l'accroissement du matériel, il faut la garantie que ces sommes recevront leur destination.

Cette garantie, la nouvelle comptabilité-matières la fournit; car la corrélation permet, par le rapprochement avec le compte en deniers, de s'assurer que les crédits ont été employés à acquérir les approvisionnements que l'on voulait réaliser.

C'est là l'esprit du nouveau système, le but que le projet de règlement a voulu atteindre, et qui se résume ainsi : apporter la lumière dans les comptes et la sincérité dans l'emploi du budget.

Si le Ministre approuvait cet ordre d'idées, le projet serait soumis immédiatement à l'examen contradictoire de délégués du ministère des finances et de représentants de la Cour des comptes, avant de recevoir l'approbation définitive du Ministre et d'être présenté à la signature du Président de la République.

L'Intendant général,

APPROUVÉ :   *Directeur général du Contrôle et de la Comptabilité,*

Le Ministre de la Guerre,   L. GUILLOT.

Gᵃˡ E. DE CISSEY.

AVIS

DES REPRÉSENTANTS DU MINISTÈRE DES FINANCES

ET DE LA COUR DES COMPTES

SUR LE NOUVEAU

RÈGLEMENT DE LA COMPTABILITÉ-MATIÈRES

DU DÉPARTEMENT DE LA GUERRE.

Paris, le 25 octobre 1871.

MONSIEUR LE MINISTRE,

Les membres de l'administration des finances et de la Cour des comptes auxquels vous avez confié le soin d'examiner le nouveau règlement sur la comptabilité des matières de votre département ont étudié avec attention les différentes dispositions qu'il contient, et ils ont puisé dans cet examen la conviction que votre administration venait de réaliser une œuvre utile et de faire un pas important dans la voie de la simplicité, de l'ordre et de la clarté. Le nouveau règlement dégage la comptabilité des matières de la fiction dont certaines de ses opérations ont été trop souvent obscurcies. Il poursuit avec fermeté la recherche exacte et consciencieuse de la vérité. Il donne au pays le moyen de lire couramment dans les actes de l'administration de la guerre et de voir à quoi aboutissent réellement les sacrifices faits pour la constitution, l'entretien et l'augmentation des approvisionnements. Il facilite et fortifie l'action du contrôle, depuis le contrôle local qui surveille les opérations quotidiennes et élémentaires des magasins, jusqu'au contrôle souverain de l'Assemblée nationale qui doit constater le régulier emploi des crédits affectés aux achats d'armes et de matières. Le contrôle de la Cour des comptes, qui prépare ce contrôle suprême, se trouve aussi plus puissamment armé, pourvu de moyens de vérification plus complets et doté d'attributions nouvelles. Toute une catégorie d'objets et de matières, désignée

sous le nom de *matériel permanent*, échappait à ses investigations. Il en était
de même pour les objets et matières de toute catégorie appartenant aux établissements de l'Algérie. Le règlement soumis à l'approbation du Président
de la République abroge ces exceptions et fait tout rentrer sous la loi commune. Il assure ainsi à une partie importante du matériel de l'État la garantie
des vérifications de la Cour des comptes.

La comptabilité-matières de la guerre, d'après le projet de règlement et
le modèle de compte qui y est joint, est basée sur l'unité simple et le décompte en quantités. On peut suivre facilement, par unité de détail, les
mouvements opérés sur chaque matière, mouvements qui n'étaient autrefois
présentés dans le compte que par unités collectives. On obtient de cette
façon l'exactitude, qui, hors de l'unité simple, serait vainement cherchée.
La réunion par groupes de certaines matières n'a pas pour objet de porter
atteinte à ce principe, mais est destinée surtout à faciliter l'établissement
des résumés généraux. Il faut veiller néanmoins à ce que la rédaction des
nomenclatures ne vienne pas altérer le résultat dont nous nous félicitons. Les
écritures tenues par les comptables des magasins ont reçu des simplifications notables. On a supprimé avec raison des pièces et des états qui don-
naient lieu à de longs et inutiles travaux de copie, en absorbant le temps et
l'attention des comptables au préjudice d'opérations plus importantes. Par
un procédé ingénieux, la colonne ouverte au compte pour les existants au
31 décembre, est substituée à l'ancien inventaire, dont l'établissement se
trouve également supprimé. Le compte, qui est en même temps le grand
livre, doit être constamment à jour et indiquer à toute époque de l'année
la situation des magasins.

Il est inutile de passer en revue dans leurs détails les modifications apportées par le nouveau règlement. Le rapport de M. le directeur général du
contrôle et de la comptabilité au ministère de la guerre est entré à cet égard
dans des développements circonstanciés et a exprimé des idées auxquelles
la Commission s'associe. Il suffit de dire d'une façon générale que la constatation des opérations d'entrées et de sorties est entourée de garanties nouvelles. La transmission des objets et matières entre les corps de troupe et
les magasins a été soumise à certaines formalités qui doivent prévenir le
retour des abus signalés dans cette partie du service. Nous n'insisterons que
sur deux points : 1° la corrélation entre le compte-matières et le compte
financier; 2° les recensements.

La corrélation entre le compte-matières et le compte financier est une des
innovations les plus intéressantes du projet de règlement. Elle est d'autant
plus digne de fixer l'attention, qu'elle n'est pas un résultat de convention,
la combinaison ingénieuse de chiffres invérifiables, mais l'accord réel, indis-
cutable d'opérations appuyées sur les pièces les plus sérieuses. Cette corrélation, dont l'exactitude sera placée sous la garantie de la Cour des comptes,
permettra à l'Assemblée nationale d'observer les modifications apportées

dans la situation des magasins par la consommation progressive des alloca-tions budgétaires. Il deviendra facile de s'assurer que la diminution des deniers dans les caisses publiques correspond à une augmentation égale de matériel dans les arsenaux de l'État. Mais on ne doit pas se dissimuler que le fonctionnement de ce nouveau rouage exigera au budget, dans les services qui comprennent du matériel, une distinction spéciale aux approvisionne-ments.

Le recensement des magasins est la clef de la comptabilité-matières, la condition essentielle sans laquelle la réglementation la plus étroite et les dispositions les plus sages seraient frappées de stérilité. Il est aussi indis-pensable pour les matières que la vérification de caisse l'est pour les deniers. Le nouveau règlement contient à ce sujet des prescriptions utiles. Il substitue au recensement impraticable qui devait s'effectuer tous les ans au 31 dé-cembre des recensements inopinés, partiels, effectués au moment où l'opé-ration peut s'accomplir avec le plus d'aisance et de sûreté. Les résultats du recensement doivent être indiqués sur le compte d'une façon spéciale. Tout en reconnaissant le mérite de cette réforme, il y a lieu de penser qu'elle ne pourra produire tout son effet qu'à deux conditions : la première, c'est qu'elle sera réellement mise en pratique, ce qui a manqué aux prescriptions du règlement de 1845; la seconde, c'est que le recensement sera opéré non-seulement par le contrôle local, mais aussi par des officiers ou des fonction-naires indépendants des services dont ils seraient ainsi appelés à contrôler les opérations.

Telles sont les impressions que la Commission a éprouvées en étudiant le projet de règlement de la comptabilité-matières de la guerre. Elle con-sidère comme salutaires les réformes introduites et espère qu'elles pourront être fécondes. Toutefois c'est à l'expérience à prononcer d'une manière défi-nitive sur le mérite de ces innovations, sans oublier d'ailleurs que les meil-leurs règlements n'ont de valeur que par l'honnêteté, l'intelligence et le zèle de ceux qui les exécutent.

BOUCHARD,   DUBOIS DE L'ESTANG,

Conseiller référendaire à la Cour des comptes.   *Conseiller maître à la Cour des comptes.*

DUFRAYER,

Secrétaire général du ministère des Finances.

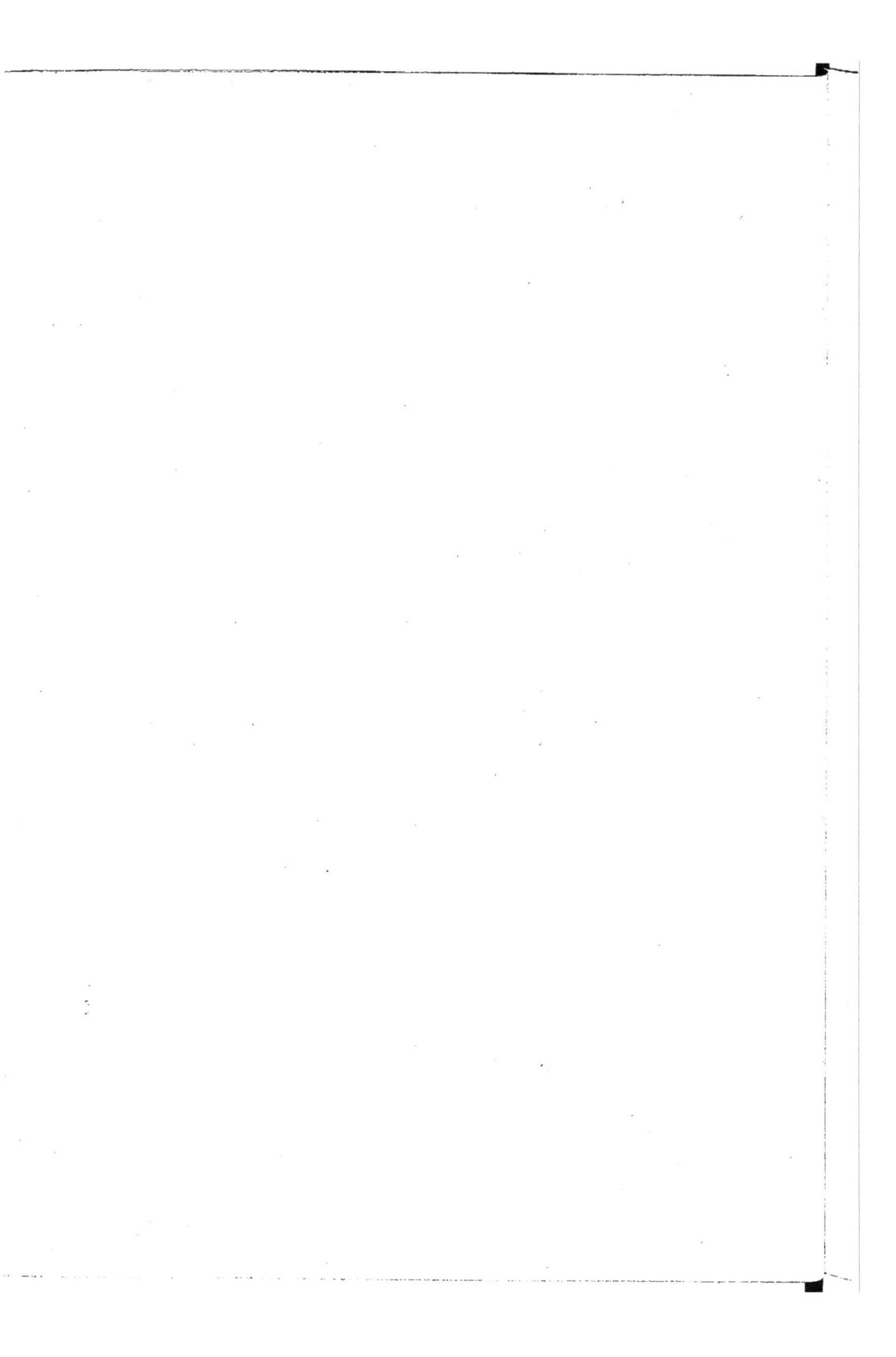

RÈGLEMENT

LA COMPTABILITÉ DES MATIÈRES

APPARTENANT

AU DÉPARTEMENT DE LA GUERRE.

———————

Exécution de l'article 14 de la loi du 6 juin 1843 et du décret impérial du 31 mai 1862, portant règlement d'administration publique.

SOMMAIRE DU RÈGLEMENT.

RÈGLEMENT

SUR

LA COMPTABILITÉ DES MATIÈRES

APPARTENANT

AU DÉPARTEMENT DE LA GUERRE.

TITRE Iᵉʳ.

DISPOSITIONS GÉNÉRALES ET PRÉLIMINAIRES.

ARTICLE PREMIER.

Le matériel du département de la guerre comprend :

Les matières, denrées et objets en service destinés soit à la consommation, soit à des transformations, les objets d'art, les bibliothèques, meubles, instruments, ustensiles et valeurs permanentes de toute espèce.

Tout ce matériel est soumis aux mêmes règles de comptabilité (1).

Ne figurent pas dans la comptabilité des matières, les denrées et objets de consommation qui ne donnent pas lieu à approvisionnement et dont il n'est justifié que dans la comptabilité en deniers (2).

Tout le matériel de la guerre est soumis aux mêmes règles de comptabilité.

ART. 2.

Il est placé dans chaque magasin ou hôpital, près de chaque chantier, usine ou autre établissement géré pour le compte du département de la guerre, un agent ou préposé personnellement responsable des matières y déposées. Cet agent est comptable de la quantité desdites matières, suivant l'unité applicable à chacune d'elles.

Comptable responsable dans chaque établissement.

---

(1) Voir article 58, le détail des services de la guerre qui possèdent du matériel.

(2) Exemples : les denrées alimentaires dans les écoles et les hôpitaux, les fournitures de bureau dans tous les services.

Guerre. — *Règlement.*   6

Dans les services où la gérance est collective, elle est confiée au conseil d'administration institué près des établissements et au garde-magasin.

ART. 3.

Cautionnement.

Toute gestion individuelle oblige celui qui en est chargé, à moins d'une décision ministérielle qui l'en dispense, à fournir un cautionnement dont la quotité et la nature sont déterminées par le Ministre de la guerre.

Tout comptable doit, sous peine de remplacement, avoir réalisé son cautionnement à l'époque fixée par sa lettre de service.

ART. 4.

Ouverture et clôture des gestions.

Toute gestion de matériel s'ouvre à la date de l'inventaire qui a établi la prise en charge par le comptable entrant. Elle se clôt à la date fixe du jour de la remise du service à un successeur ou de la suppression du magasin.

ART. 5.

Professions interdites aux comptables.

Il est interdit aux comptables du matériel de se livrer à tout commerce ou négoce, et d'occuper tout autre emploi salarié, soit public, soit privé.

ART. 6.

Autorisation nécessaire pour s'absenter.

Aucun comptable de matériel ne peut s'absenter de sa résidence sans autorisation écrite de ses supérieurs, qui, au besoin et suivant la nature et la durée de l'absence, en réfèrent au Ministre.

Mandataires.

Tout comptable qui s'absente doit faire agréer pour le représenter un mandataire muni de sa procuration.

ART. 7.

Interdiction aux comptables de communiquer la situation des magasins.

Il est formellement interdit aux comptables, sous les peines de droit, de délivrer ou communiquer, sans y être dûment autorisés, les états de situation de leurs magasins.

TITRE II.

DU MATÉRIEL.

CHAPITRE Ier.

DE LA RESPONSABILITÉ DES AGENTS AYANT CHARGE DE MATÉRIEL.

ART. 8.

Responsabilité exclusive des comptables.

L'autorité exercée sur les comptables par les officiers ou fonctionnaires chargés de la direction et du contrôle, dans la limite déterminée par les règlements de service, n'atténue en rien la responsabilité qui doit peser exclusivement sur ces comptables en tout ce qui concerne la qualité, les quantités, la conservation et la sortie du matériel confié à leur garde.

ART. 9.

Les comptables ne doivent, sous leur responsabilité, recevoir pour le compte de l'État, en cas d'achat ou de confection, que des objets réunissant toutes les conditions stipulées dans les marchés, devis ou conventions, et conformes aux échantillons ou modèles-types, s'il en a été adopté.

Néanmoins leur responsabilité ne s'étend pas à la qualité, lorsque le matériel a été reçu par une commission ou en vertu d'un ordre de l'autorité compétente.

ART. 10.

Aucune perte ou avarie n'est admise à la décharge des comptables qu'autant qu'elle provient d'événements de force majeure, dûment constatés, tels que :

Pertes par force majeure à la charge de l'État.

Vol à main armée, à force ouverte ou avec effraction;

Vol par disparition de détenteurs de matériel;

Prise ou destruction par l'ennemi, destruction ou abandon forcé à son approche;

Incendie;

Inondation, submersion;

Écroulement de bâtiment;

Événement de route par terre et par eau;

Épizootie constatée.

ART. 11.

Pour être déchargé du montant d'une perte résultant d'événements de force majeure, le comptable responsable du matériel est tenu de prouver et de faire constater immédiatement que le fait ne peut être imputé à négligence, défaut de soins ou de prévoyance, ni de sa part ni de celle de ses gérants d'annexes.

Justification immédiate des cas de force majeure.

ART. 12.

Aucune perte ou avarie, motivée sur le défaut d'entretien des bâtiments, n'est allouée à la décharge du comptable que sur la preuve de ses réclamations, faites en temps utile près de l'autorité compétente, à l'effet d'obtenir les réparations nécessaires.

Pertes par suite de défaut d'entretien des bâtiments.

ART. 13.

Si les événements de force majeure sont de nature à donner lieu à des poursuites criminelles contre leurs auteurs, fauteurs ou complices, le sous-intendant militaire peut faire personnellement, ou requérir l'officier de

Poursuites en cas de délit.

police judiciaire de faire tous les actes nécessaires pour constater les crimes et délits, et en livrer les auteurs aux tribunaux chargés de les punir.

ART. 14.

Responsabilité du comptable expéditeur.

Toutes les denrées et matières expédiées d'un point sur un autre devant toujours être dans le meilleur état possible au moment du départ, le comptable expéditeur demeure responsable de toute perte ou avarie qui, à la réception, serait reconnue provenir de sa négligence.

Il inscrit dans un livre auxiliaire spécial, d'après les lettres de voiture, connaissements, etc., les quantités expédiées; mais il ne les porte définitivement en sortie et n'est déchargé de toute responsabilité à cet égard que par le récépissé du consignataire, délivré après l'admission du matériel en magasin.

ART. 15.

Responsabilité des agents chargés du transport du matériel.

Quel que soit le mode employé pour l'exécution des transports de matériel d'un point sur un autre, aucune quantité de denrée ou matière, aucun objet appartenant au service, ne peut sortir des mains du comptable qui en fait l'expédition, sans être pris en charge par un tiers, qui en devient responsable pendant la durée du mouvement, selon les cas ci-après, savoir :

1° Pour les marchés généraux ou spéciaux, par l'entrepreneur ou, pour son compte, par ses agents et employés;

2° Pour les trains de l'artillerie et du génie ainsi que pour les équipages militaires régulièrement organisés, par l'officier ou le sous-officier chargé de la conduite du convoi;

3° Pour les équipages auxiliaires, par les agents d'administration préposés à l'exécution des transports;

4° Pour les transports exécutés en vertu de marchés éventuels ou de conventions consenties par les comptables, par l'agent chargé du transport, suivant les lois et usages du commerce;

5° Enfin, dans le cas de transport par les navires de la marine de l'État, suivant le règlement à intervenir pour déterminer à qui doit incomber la responsabilité du matériel transporté.

A défaut d'officiers, de sous-officiers ou d'employés chargés de la conduite des convois, ou d'agents des entreprises, et lorsque les conducteurs des voitures ou bateaux n'offrent pas une garantie suffisante, il est fait choix par l'autorité administrative d'un agent du service qui prend charge du matériel à transporter et en devient responsable.

Dans le cas d'événement de force majeure qui aurait occasionné la perte ou l'avarie de tout ou partie du matériel en cours d'expédition, le chargé de transport doit sur-le-champ faire constater les faits par l'autorité administrative militaire, ou, à défaut, par l'autorité civile du lieu de l'événement ou de la résidence la plus rapprochée, sous peine d'être rendu passible des pertes éprouvées.

Il doit également informer de l'événement le comptable expéditeur.

ART. 16.

Le comptable réceptionnaire ne donne décharge au transporteur qu'après s'être assuré du nombre, du poids et de l'état des colis. Il n'adresse au comptable expéditeur le récépissé du matériel qu'après avoir vérifié l'exactitude, la qualité ou le classement des quantités portées sur la facture d'expédition. Il demeure responsable des différences qu'il n'aurait pas fait constater à l'arrivée par l'autorité chargée du contrôle.

Il ne prend charge et ne délivre récépissé que des quantités réellement reçues.

Si, en raison du bon état des colis, les manquants constatés à l'arrivée résultent évidemment d'une simple omission de l'expéditeur, le réceptionnaire joint à son récépissé une copie du procès-verbal de réception, et l'expéditeur rectifie ses écritures en conséquence.

Dans les autres cas, le comptable réceptionnaire est tenu de provoquer devant qui de droit les recours ou reprises de l'administration au sujet des pertes, déficit et moins-values qui ne sont pas de nature à être supportés par l'État.

Il en est de même toutes les fois que le matériel dans lequel des manquants ont été constatés à l'arrivée provient d'un envoi fait par un comptable d'un autre service ou même par un service étranger au département de la guerre.

ART. 17.

Lorsqu'un matériel est dirigé sur une place pour être réexpédié immédiatement, sans entrer en réalité dans les magasins, le comptable qui le reçoit ainsi en transit vérifie seulement le nombre, le poids et l'état des colis, qu'il inscrit, *pour ordre,* sur un livre spécial, et surveille la réexpédition de ce matériel.

Si, par suite de nouveaux ordres, la destination primitive du matériel est changée, le comptable informe, en outre, l'expéditeur de la nouvelle destination assignée à son envoi.

CHAPITRE II.

DES MUTATIONS DE COMPTABLES.

———

ART. 18.

Dans le cas de mutation de comptables, la remise et la reprise du service sont constatées par un procès-verbal d'inventaire dressé par l'autorité chargée du contrôle et signé par les deux agents entrants et sortants.

(marginal notes:)
Responsabilité du comptable réceptionnaire.

Matériel destiné à une réexpédition immédiate.

Remise et reprise du service.

Dans les services où la gestion est collective, le conseil d'administration entrant et le conseil d'administration sortant constatent contradictoirement la situation du matériel de l'établissement ou de la place. Les résultats de cette opération sont consignés dans un inventaire.

ART. 19.

Conditions et qualités des matières et denrées lors de la prise de possession du service.

Le comptable qui entre en possession du service ne peut être tenu de reprendre que des denrées et matières réunissant les conditions ou qualités requises par les règlements, sauf toutefois dans le cas prévu par le deuxième alinéa de l'article 9, ce comptable étant substitué, par le seul fait de cette prise de possession, à toutes les obligations imposées à son prédécesseur. Sont exceptées toutefois les matières hors de service qui devraient encore être conservées en magasin.

ART. 20.

Reconnaissance matérielle en cas de reprise.

Dans aucun cas, sauf l'exception prévue à l'article 52, le comptable entrant ne peut se dispenser de vérifier et de constater lui-même, contradictoirement avec le comptable sortant, le poids ou le mesurage de la totalité des matières existant en magasin.

Le comptable sortant a seul le droit de se faire représenter à l'inventaire par un fondé de pouvoirs.

ART. 21.

Difficultés jugées administrativement.

Les difficultés qui peuvent s'élever entre les deux comptables sur la qualité ou la condition des denrées ou matières sont jugées administrativement dans les formes déterminées par les règlements de service.

ART. 22.

Séquestre provisoire en cas de déficit.

Si les résultats de l'inventaire font connaître que le comptable sortant se trouve en déficit de valeurs excédant le montant de son cautionnement, le sous-intendant militaire chargé du contrôle du service met sous la main du Gouvernement, à titre de séquestre provisoire, tous les meubles et effets appartenant au comptable. Ces objets sont alors compris dans l'inventaire sous un titre spécial, et demeurent en dépôt entre les mains du comptable entrant, jusqu'à ce qu'il ait été statué ce que de droit par l'autorité supérieure.

ART. 23.

Cas de décès ou d'empêchement.

En cas de décès, de disparition, de suspension ou d'empêchement d'un comptable, l'autorité chargée du contrôle désigne d'office un comptable intérimaire. Le sous-intendant militaire chargé de la surveillance administrative du service arrête les livres de l'ancien titulaire. Il constitue ensuite le gérant intérimaire personnellement comptable des denrées ou matières nécessaires à l'exploitation du service courant, appose les scellés sur le surplus du matériel et constate ces deux opérations dans l'arrêté motivé des livres de comptabilité.

Le gérant intérimaire est établi de droit gardien des scellés.

A l'arrivée du nouveau titulaire, il est procédé à la levée des scellés et à l'inventaire définitif ; le comptable sortant ou ses ayants cause sont représentés par leur fondé de pouvoirs, ou, à défaut, par un tiers désigné d'office.

ART. 24.

Le juge de paix appelé, dans les cas de décès, de disparition ou d'empêchement, à apposer les scellés sur les effets particuliers du comptable ne peut s'immiscer en rien dans la reconnaissance des objets appartenant à l'État.

Intervention des juges de paix.

CHAPITRE III.

DES ENTRÉES ET DES SORTIES, ET DE LEUR JUSTIFICATION.

ART. 25.

Toute gestion de matériel donne lieu à des mouvements d'entrée à la charge du comptable, et de sortie à sa décharge.

Aucune opération d'entrée ou de sortie, même pour cause de transformation, de réparation ou de déclassement, ne peut être faite sans l'ordre préalable du Ministre ou de ses délégués.

Mouvements à charge et à décharge.

ART. 26.

Les entrées et les sorties de matières sont de deux natures, savoir :

1° Les entrées ou sorties réelles ;

2° Les entrées ou sorties d'ordre.

Entrées et sorties de deux natures.

ART. 27.

Les entrées ou sorties *réelles* sont celles qui ont pour effet d'accroître ou de réduire l'actif de chaque service du département de la guerre. A ce titre, elles comprennent aussi les sorties des matières destinées aux transformations et fabrications, et les entrées provenant de ces opérations.

Entrées et sorties réelles.

ART. 28.

Les entrées ou sorties *d'ordre* embrassent tous les mouvements dont l'effet unique est de déplacer la responsabilité sans changer la nature, la quantité, la qualité ni la valeur du matériel du service. Elles comprennent donc les versements de comptable à comptable du même service, ainsi que les réintégrations d'effets prêtés ou mis en dépôt.

Entrées et sorties d'ordre.

ART. 29.

Classification des opérations à charge et à décharge.

Toutes les opérations à charge ou à décharge, quelle qu'en soit la nature, sont décrites et résumées dans les écritures et dans les comptes sous les titres ci-après, savoir :

OPÉRATIONS À CHARGE.

REPRISE DES EXISTANTS au 31 décembre de l'année précédente.

ENTRÉES RÉELLES.

Entrées à charge de payement, comprenant......
- Les achats proprement dits;
- Les versements ou cessions par d'autres ministères ou par d'autres services de la guerre donnant lieu à remboursement; -
- Les appels ou réquisitions donnant lieu à remboursement.

Entrées sans dépense en deniers, comprenant......
- Les entrées à charge de payement imputables sur l'exercice précédent ou suivant;
- Les excédants, bonis ou revenants-bons de toute nature;
- Les réintégrations par les corps des matières et effets en service;
- Les versements par les comptables des armées actives;
- Les versements par d'autres services de la guerre et ne donnant pas lieu à remboursement.

Transformations et fabrications, comprenant......
- Les produits et résidus des fabrications, confections, transformations ou réparations;
- Les constructions de matériel;
- Les produits de démolition de matériel;
- Les déclassements et changements d'état.

ENTRÉES D'ORDRE.

Entrées déplaçant la responsabilité des comptables, comprenant......
- Les versements de comptable à comptable du même service;
- Les réintégrations de matières et effets prêtés à des communes ou autres parties prenantes, ou mis en dépôt;
- Les reprises de magasin par suite de mutations de comptables.

OPÉRATIONS À DÉCHARGE.

SORTIES RÉELLES,

Sorties à charge de payement, comprenant. . . . .

- Les versements ou les cessions à d'autres ministères, à d'autres services de la guerre ou à d'autres parties prenantes, donnant lieu à remboursement;
- Les manquants et déficit imputés;
- Les remises aux vendeurs pour vices rédhibitoires.

Sorties ne donnant pas lieu à payement, comprenant. . . . .

- Les sorties correspondant aux entrées imputables sur l'exercice précédent ou suivant;
- Les distributions aux troupes;
- Les livraisons aux comptables des armées actives;
- Les versements à d'autres services de la guerre ne donnant pas lieu à remboursement;
- Les destructions ou pertes par cas de force majeure;
- Les avaries ou déficit alloués;
- Les déchet de conservation;
- Les remises au domaine.

Transformations et fabrications, comprenant. . . . . . .

- Les conversions de toute nature;
- Les démolitions;
- Les confections;
- Les constructions et réparations;
- Les déclassements et changements d'état.

SORTIES D'ORDRE.

Sorties déplaçant la responsabilité des comptables, comprenant. . . . . . .

- Les versements de comptable à comptable du même service;
- Les prêts et dépôts;
- Les remises de magasin par suite de mutations de comptables.

EXISTANT en magasin au 31 décembre, reporté à l'année suivante.

ART. 30.

Afin que le compte-matières fasse ressortir sa corrélation avec le compte en deniers, les entrées qui ont donné lieu à une dépense imputable sur le crédit législatif de l'année courante figurent dans une colonne spéciale.

Inscription distincte des entrées à charge de payement.

Guerre. — *Règlement.*   7

ART. 31.

Mouvements d'ordre
intérieurs.

Les simples déplacements de matières qui ont lieu dans l'intérieur des établissements et annexes placés sous la garde d'un même comptable ne figurent point dans les comptes, lorsque les entrées sont égales aux sorties et que les matières n'ont subi aucune transformation.

ART. 32.

Pièces justificatives
des opérations
à charge et à décharge.

Toute opération d'entrée ou de sortie de matières doit, pour être admise dans les comptes individuels, être appuyée de pièces établissant régulièrement la prise en charge ou la décharge du comptable.

Ces pièces, ainsi que les formalités dont elles doivent être revêtues, sont déterminées, par nature de service, suivant les bases générales de la nomenclature annexée au présent règlement et conformément aux dispositions des articles 33 à 42 ci-après. Elles consistent dans les documents suivants :

ENTRÉES RÉELLES
ET ENTRÉES D'ORDRE.

- Inventaires;
- Procès-verbaux ou récépissés avec certificat de prise en charge par le comptable;
- Factures d'expédition, connaissements ou lettres de voiture;
- Certificats administratifs.

SORTIES RÉELLES
ET SORTIES D'ORDRE.

- Ordres en vertu desquels les sorties ont eu lieu;
- Procès-verbaux ou récépissés;
- Factures d'expédition;
- Certificats administratifs tenant lieu de récépissés et de procès-verbaux.

ART. 33.

Mode d'établissement
des pièces justificatives.

Les pièces justificatives sont établies par les soins des comptables, sous la surveillance de l'autorité chargée du contrôle local, savoir : les pièces d'entrée sur papier blanc, les pièces de sortie sur papier rose.

Elles portent le numéro d'ordre annuel d'entrée ou de sortie qu'indique le registre journal mentionné à l'article 59. Le matériel est inscrit sur chaque pièce dans l'ordre des nomenclatures; dans le cas de mouvements entre deux services différents, la pièce d'entrée fait connaître les numéros de la nomenclature sous lesquels les objets reçus figuraient dans le service cédant.

L'inscription a lieu par unité simple en quantités. En outre, lorsque l'opération à constater a donné lieu à une dépense quelconque en deniers imputable sur le crédit législatif de l'année, on inscrit cette dépense sur la pièce justificative qui, dans ce cas, doit rappeler le numéro de la pièce de dépense corrélative, c'est-à-dire correspondante dans la comptabilité en deniers.

Les pièces justificatives sont fournies en original; elle doivent être exemptes de ratures, surcharges, grattages ou interlignes; toute rectification d'erreur matérielle est approuvée par le comptable et par l'autorité chargée du contrôle local.

ART. 34.

Les *entrées* et les *sorties à charge de payement* sont justifiées par des pièces énonçant la prise en charge du comptable ou sa décharge. Dans le but d'établir le chiffre réel de la dépense, ces pièces sont appuyées, en ce qui concerne les entrées, soit des talons des factures d'achat, soit des extraits sommaires des marchés.

Justification des entrées
et des sorties
à charge de payement.

Pour les entrées provenant des cessions faites à titre onéreux par d'autres services du département ou par d'autres ministères, la pièce d'entrée doit indiquer la somme payée avec la date et le numéro de l'ordonnance ou du mandat de remboursement ou de virement, et, s'il y a lieu, la date et le numéro du récépissé du Trésor avec l'indication de la caisse où le versement a eu lieu.

Les pièces qui concernent soit des pertes ou manquants imputés, soit la sortie des matières cédées ou livrées à des parties prenantes étrangères au département de la guerre, et dont la valeur doit être remboursée par voie de versement au Trésor, par précompte ou par retenue, contiennent le décompte établi d'après le prix réel de revient, ou, à défaut, d'après le prix réglementaire ou d'estimation.

La preuve de la libération de la partie prenante est toujours constatée au moyen d'un certificat délivré soit par le sous-intendant militaire, soit par l'administration centrale, suivant le cas, et joint à la comptabilité. Ce certificat indique la date et le numéro du récépissé du Trésor, ainsi que la caisse où le versement a eu lieu.

Toute pièce justifiant d'une cession mentionne l'ordre qui l'a autorisée.

ART. 35.

Les *entrées sans dépense en deniers* sont justifiées par des extraits de procès-verbaux ou par des certificats administratifs portant déclaration du comptable, visés et enregistrés par l'autorité chargée du contrôle.

Justification des entrées
et des sorties
ne donnant pas lieu
à payement.

Les *réintégrations* faites par les corps donnent lieu à l'établissement d'un récépissé que délivre le comptable et qu'il détache d'un carnet à souche, coté et parafé par le sous-intendant militaire. Le talon du récépissé est signé par l'officier délégué par le conseil d'administration pour opérer la

7.

réintégration. La souche est un des éléments de vérification du contrôle local.

Lorsque le corps n'est pas sur les lieux et que les effets réintégrés sont expédiés par les transports de la guerre, le sous-intendant chargé de la surveillance administrative de l'établissement signe d'office le talon du récépissé, d'après les indications de l'avis d'expédition.

Les *sorties ne donnant pas lieu à remboursement* sont justifiées, savoir :

Les *distributions,* par des pièces portant l'ordre de distribution et les récépissés de la partie prenante;

Les *livraisons aux comptables des armées actives,* par des factures d'expéditions ou autres titres constatant la nature, la quantité, l'état et la valeur des objets livrés, et par le récépissé du comptable réceptionnaire;

Les *sorties pour cause de destruction* des objets de matériel hors de service, lorsque leur mise en vente présenterait des inconvénients, par des ordres de l'autorité compétente, appuyés d'un certificat administratif ou d'un procès-verbal de destruction dressé par le sous-intendant militaire ou par son suppléant;

Les *pertes par cas de force majeure,* dans les formes prescrites par les articles 39 et 40 ci-après. Si ces pertes proviennent d'événements de mer, elles sont constatées selon les lois et usages du commerce;

Les *déchets* sont justifiés par des procès-verbaux ou des certificats administratifs, suivant le cas;

Enfin, les *remises au domaine* sont constatées dans les formes déterminées par les articles 247, 248 et 249 du règlement du 3 avril 1869 sur la comptabilité du département de la guerre, c'est-à-dire par des procès-verbaux dressés par les préposés des domaines, de concert avec les fonctionnaires de l'intendance ou avec leurs suppléants.

ART. 36.

Justification des entrées et des sorties par suite de transformations et de fabrications.

Tous les faits de fabrication et de transformation, ainsi que les déclassements et changements d'état, sont justifiés par des certificats administratifs portant déclaration du comptable, visés par l'autorité chargée du contrôle. Ces certificats rappellent l'ordre qui a prescrit la fabrication, la transformation, le déclassement ou le changement d'état.

Il est rendu compte de tous les faits de fabrication et de transformation au Ministre, qui statue en dernier ressort sur les résultats qu'ils ont produits et sur leurs effets quant à la responsabilité du comptable.

ART. 37.

Justification des entrées et des sorties d'ordre.

Les *entrées* et les *sorties d'ordre* sont justifiées, savoir :

Les *versements de comptable à comptable,* par des factures d'expédition constatant la nature, la quantité et l'état des objets versés, et revêtues du récépissé du comptable destinataire;

Les *prêts et dépôts*, par des pièces portant l'ordre de sortie et le récépissé. Ces pièces, en ce qui concerne les prêts, mentionnent la date de l'autorisation ministérielle, l'espèce, la quantité, l'état et la valeur du matériel prêté;

Les *remises et reprises de magasin*, dans les formes spécifiées à l'article 18 du présent règlement.

ART. 38.

Sauf l'exception prévue ci-après à l'article 40, il n'est établi de procès-verbal pour les justifications prescrites par les articles qui précèdent que lorsque le sous-intendant militaire a réellement assisté au fait ou à l'opération.

S'il n'y a pas assisté, le procès-verbal est remplacé par un certificat administratif établi par le comptable, visé et enregistré par le sous-intendant.

Cas dans lesquels il est établi des procès-verbaux.

ART. 39.

Les événements de force majeure doivent être constatés par un procès-verbal dressé dans les vingt-quatre heures, soit par le sous-intendant militaire, si l'évènement est arrivé dans le lieu de sa résidence, soit par l'autorité qui le supplée, dans les autres localités.

Tout procès-verbal dressé par un suppléant légal doit être homologué sans retard par le sous-intendant, qui fait connaître les renseignements qu'il a pu recueillir sur l'exactitude des faits qui y sont consignés et son avis sur les conclusions de cet acte.

Événements de force majeure.

ART. 40.

Lorsqu'un événement de force majeure n'a pu être constaté *de visu* par le sous-intendant militaire ou par son suppléant, il est néanmoins constaté par un procès-verbal; mais, dans ce cas, l'acte est rédigé sous forme d'enquête.

Cas où les procès-verbaux doivent être rédigés sous forme d'enquête.

ART. 41.

Les procès-verbaux prescrits par les articles précédents doivent faire connaître :

1° Les quantités existant en magasin ou en route au moment de l'événement, d'après les livres, états de situation et pièces justificatives ;

2° Celles qui ont été conservées, perdues ou avariées ;

3° Les démarches faites ainsi que les précautions prises par le comptable ou l'agent responsable des matières, soit pour les préserver de l'évé

Renseignements à insérer dans les procès-verbaux.

nement, soit pour les soustraire à l'ennemi par des dépôts chez des particuliers ou par la remise aux autorités locales. Dans ce dernier cas, le procès-verbal doit relater l'ordre donné pour l'abandon ou la destruction du matériel, ou les circonstances qui ont commandé la mesure adoptée.

ART. 42.

Moyen
de suppléer
aux justifications
prescrites
u cas d'impossibilité
dûment justifiée.

Dans les cas où des circonstances de force majeure n'auraient pas permis à un comptable de remplir les formalités prescrites par le présent titre, il y sera suppléé au moyen de procès-verbaux d'enquête ou de certificats en due forme.

Toutefois une décision du Ministre sera nécessaire pour opérer complétement la décharge de la responsabilité du comptable.

CHAPITRE IV.

DES RECENSEMENTS ET INVENTAIRES.

ART. 43.

Recensements inopinés.

Il est procédé au recensement partiel ou général des matières, denrées et objets de toute nature existant dans les magasins, arsenaux et établissements militaires à des époques indéterminées, et de préférence à celles où, en raison de la situation des magasins, l'opération peut se faire avec plus de facilité et de certitude.

L'autorité chargée du contrôle d'un établissement doit multiplier les recensements partiels, et autant que possible inopinés, de façon à inventorier dans le courant de chaque année tout le matériel de l'établissement.

Les résultats de chaque recensement sont consignés en tête du *compte annuel* de gestion.

ART. 44.

Matériel
en cours d'expédition.

Les denrées et matières en cours de transport, et pour lesquelles le comptable expéditeur n'est pas déchargé de toute responsabilité au moment du recensement, sont portées à ce titre à la suite de l'inventaire, pour les quantités dont la sortie est constatée par les actes d'expédition. Une annotation spéciale fait connaître les ordres de versement, les dates d'expédition, les quantités expédiées et les établissements destinataires.

ART. 45.

Transformations
en cours d'exécution.

Les denrées et matières en cours de transformation à l'époque de l'établissement de l'inventaire sont inventoriées dans leur nature primitive, pour les quantités qu'elles représentaient avant d'être livrées à la transformation.

ART. 46.

Avant d procéder à un recnsement, l'autorité chargée du contrôle arrête *ne varietur* le registre journal du comptable, et établit la balance des écritures du matériel qu'elle se propose d'inventorier, afin de pouvoir en comparer les résultats avec ceux de l'existant réel.

Balance des écritures préalablement aux recensements.

ART. 47.

S'il existe dans un magasin des quantités supérieures à celles qui doivent s'y trouver d'après les écritures, le comptable est tenu d'en déclarer l'origine et d'en prendre charge, sauf décision ultérieure du Ministre.

Excédants en magasin.

ART. 48.

Si les quantités trouvées en magasin sont inférieures à celles qui doivent y exister, le comptable est déclaré en déficit des quantités manquantes. Le Ministre décide, sur le rapport de l'autorité chargée du contrôle, si le déficit sera définitivement mis à la charge du comptable, sans préjudice des peines encourues.

Déficit.

ART. 49.

Toutes les denrées ou matières reconnues impropres au service sont remises au domaine, pour être vendues au profit de l'État.

Toutefois, lorsqu'il est constaté que la détérioration du matériel provient du fait du comptable, et qu'il doit en rembourser la valeur, le produit de la vente, après déduction des frais qu'elle a occasionnés, est déduit de la somme à imputer au comptable.

Matières impropres au service remises au domaine.

ART. 50.

Les denrées et matières doivent toujours être tenues, dans les magasins et établissements, dans un ordre tel que la vérification de leur quantité et de leur qualité puisse s'opérer avec facilité.

Classement des matières dans les magasins.

ART. 51.

Les frais occasionnés par les recensements sont supportés par l'État; toutefois ceux qui résultent des recensements inopinés sont à la charge du comptable, lorsque celui-ci est reconnu en déficit, à moins de décision contraire du Ministre.

Frais des recensements.

ART. 52.

Dans les dépôts où certains objets ne peuvent pas, en raison de leur nature ou de leur situation, être soumis à des recensements annuels, les exis-

Objets non susceptibles d'être recensés annuellement.

tants en fin d'année et à chaque changement de gestion peuvent, pour cette portion de matériel, être établis par des certificats administratifs qui tiennent lieu d'inventaires de reconnaissance, et sont admis, à ce titre, à la décharge du comptable.

Ces certificats énoncent, ainsi qu'il est prescrit à l'article 65 ci-après, l'évaluation en numéraire des quantités existantes.

CHAPITRE V.

DU CONTRÔLE.

ART. 53.

Degrés du contrôle.

La gestion des comptables des matières est soumise à trois contrôles successifs, dans l'ordre déterminé ci-après, savoir :

1er degré. — Contrôle local.

2e degré. — Contrôle central.

3e degré. —Contrôle extérieur de la Cour des comptes.

ART. 54.

Contrôle local.

Le *contrôle local* s'exerce d'une manière permanente et sur place, en conformité des prescriptions des règlements de service, par les officiers et fonctionnaires que le Ministre délègue spécialement à cet effet.

Pour tous les services administratifs proprement dits, il est exercé en outre par les intendants militaires, auxquels doivent être adressés, pour être transmis au Ministre, après vérification, tous les comptes avec les pièces justificatives à l'appui.

Les écritures des comptables de matières, tenues en conformité du chapitre VI ci-après, sont vérifiées, au moins une fois dans le cours de chaque trimestre, par l'autorité chargée du contrôle, qui constate cette vérification sur pièces par son visa *ne varietur*.

Les inspecteurs généraux, les fonctionnaires de l'intendance militaire, ainsi que les chefs de service ayant action ou inspection sur les établissements, à quelque titre que ce soit, peuvent toujours se faire représenter les livres de chaque comptable.

Ils constatent également par leur visa les vérifications extraordinaires auxquelles ils ont jugé devoir se livrer.

ART. 55.

Contrôle central.

Le *contrôle central* s'opère au ministère de la guerre dans les formes et d'après les règles déterminées par le Ministre.

Il a pour base le compte annuel de gestion et les pièces justificatives dont la production est prescrite par les articles 59 et 67 ci-après.

Le Ministre se réserve, en outre, de se faire adresser un extrait authentique des écritures tenues par les comptables ou la seconde expédition du compte annuel, toutes les fois qu'il le jugera nécessaire à l'exercice du contrôle central.

ART. 56.

Le *contrôle extérieur*, attribué à la Cour des comptes par l'article 14 de la loi du 6 juin 1843, s'exerce suivant les formes déterminées par les articles 405 à 413 du décret impérial du 31 mai 1862 (1).

Contrôle extérieur de la Cour des comptes.

CHAPITRE VI.

DES LIVRES, DES ÉCRITURES ET DES COMPTES.

ART. 57.

La comptabilité des matières s'établit par des écritures journalières et des comptes annuels de gestion, appuyés de pièces justificatives.

Mode de comptabilité des matières.

---

(1) «ART. 405. Le premier président fait entre les référendaires la distribution des comptes, et indique la chambre à laquelle le rapport doit être fait.

« ART. 406. Un référendaire ne peut être chargé deux fois de suite de la vérification des comptes du même comptable.

« ART. 407. Les référendaires sont tenus de vérifier par eux-mêmes tous les comptes qui leur sont distribués.

« ART. 408. Ils rédigent sur chaque compte un rapport raisonné contenant des observations de deux natures: les premières concernant la ligne de compte seulement, c'est-à-dire les charges et souffrances dont chaque article du compte leur a paru susceptible, relativement au comptable qui le présente; les deuxièmes résultant de la comparaison de la nature des recettes avec les lois, et de la nature des dépenses avec les crédits.

« ART. 409. Les référendaires peuvent entendre les comptables ou leurs fondés de pouvoirs, pour l'instruction des comptes; la correspondance est préparée par eux et remise au président de la chambre qui doit entendre le rapport.

« ART. 410. Lorsque la vérification d'un compte exige le concours de plusieurs référendaires, le premier président désigne un référendaire de 1re classe qui est chargé de présider à ce travail, de recueillir les observations de chaque référendaire et de faire le rapport à la chambre.

« Les référendaires qui ont pris part à la vérification assistent aux séances de la chambre pendant le rapport.

« ART. 411. Le compte, le rapport et les pièces sont mis sur le bureau pour y avoir recours au besoin.

« ART. 412. Le président de la chambre fait la distribution du rapport du référendaire à un maître qui est tenu :

« 1° De vérifier si le référendaire a fait lui-même le travail et si les difficultés élevées dans le rapport sont fondées ;

« 2° D'examiner par lui-même les pièces au soutien de quelques chapitres du compte, pour s'assurer que le référendaire en a soigneusement vérifié toutes les parties.

« ART. 413. Un maître des comptes ne peut être nommé deux fois de suite rapporteur des comptes du même comptable. »

Guerre. — *Règlement.*   8

ART. 58.

Écritures des comptables
dans l'ordre
des nomenclatures.

Tout comptable de matériel est tenu d'inscrire sur ses livres de comptabilité l'entrée, la sortie, les transformations, consommations, détériorations, pertes, déchets et manquants, ainsi que les excédants de toutes les matières confiées à sa garde.

Les écritures sont libellées de manière à présenter les opérations par espèce de matières et par unité simple. Néanmoins les objets qui, par leur nature, sont susceptibles d'être réunis peuvent être groupés par collections, en suivant la classification fixée par les nomenclatures spéciales, qui devront être établies par chaque service et dans l'ordre suivant, savoir :

Nomenclature A, pour le service de l'administration centrale ;

—————— B, pour le service du dépôt de la guerre ;

—————— C, pour le service de l'état-major général (mobilier) ;

—————— D, pour le service des vivres ;

—————— E, pour le service du chauffage et de l'éclairage ;

—————— F, pour le service des fourrages ;

—————— G, pour le service des hôpitaux ;

—————— H, pour le service de l'habillement ;

—————— I, pour le service du campement ;

—————— K, pour le service de la justice militaire ;

—————— L, pour le service de la remonte générale ;

—————— M, pour le service du harnachement ;

—————— N, pour le service de l'artillerie ;

—————— O, pour le service des équipages militaires ;

—————— P, pour le service du génie ;

—————— Q, pour le service des écoles militaires ;

—————— R, pour le service des invalides de la guerre.

ART. 59.

Registre journal,
compte annuel
et livres auxiliaires.

Il est tenu par chaque comptable et pour chacun des services dont il est chargé :

1° Un *registre journal* (modèle n° 1) destiné à l'inscription sommaire, jour par jour, de tous les mouvements d'entrée, de manipulation, de consommation, de transformation et de sortie qui s'opèrent dans le magasin ou l'établissement dont la gestion lui est confiée ;

2° Un *compte annuel* (modèle n° 2), établi en deux expéditions, où sont portées, à chaque compte spécialement ouvert par nature d'unités, les entrées et les sorties du matériel, suivant l'ordre chronologique des faits et d'après les pièces justificatives, sommairement inscrites au journal ;

3° Et, au besoin, des *livres auxiliaires* dont la forme et le nombre varient selon la nature et les nécessités du service.

ART. 60.

Le registre journal et le compte annuel sont cotés et parafés par le sous-intendant militaire ayant la surveillance administrative du service.

Livres cotés et parafés.

ART. 61.

La durée du registre journal et des livres auxiliaires n'est pas limitée; elle peut se prolonger au delà d'une ou de plusieurs années, pourvu toutefois que les gestions soient distinctes les unes des autres, et que les opérations se rapportant à la même gestion ne soient pas scindées.

Durée des livres.

ART. 62.

Le libellé des articles inscrits dans les livres doit être clair et précis, sans surcharges ni interlignes; les grattages sont formellement interdits; les ratures ne sont autorisées que dans les cas d'erreurs matérielles, et doivent toujours être faites de manière que les mots rayés restent parfaitement lisibles. Lorsqu'il y a lieu de rectifier une inscription, le redressement s'opère par un nouvel article mentionnant le motif de la rectification.

Libellé des écritures.

ART. 63.

Toutes les écritures des comptables en matières sont closes, sous la réserve des dispositions de l'article 66 ci-après, au 31 décembre de chaque année, et, dans le cas de mutation d'un comptable soumis à l'obligation d'un cautionnement, au jour de la remise de service.

Les écritures d'une gestion une fois closes, il ne peut y être fait aucune modification qui puisse changer les résultats définitifs des comptes.

Les rectifications à charge ou à décharge s'opèrent dans les écritures de la gestion courante.

Clôture des écritures.

ART. 64.

Toute gestion de matières est soumise, de même que tous les comptes qui en dérivent, à la période annale, et comprend en conséquence tous les faits accomplis depuis le 1er janvier jusqu'au 31 décembre.

Toutefois, afin de permettre de comparer les résultats de la comptabilité-matières avec ceux de la comptabilité en deniers, lorsqu'un achat sera imputable sur un exercice autre que celui de l'année du compte-matières, le matériel acheté ne figurera parmi les opérations du compte que dans les entrées sans dépense en deniers; mais il sera porté, en outre, dans les écritures de l'année d'imputation, tout à la fois aux entrées à charge de payement et aux sorties ne donnant pas lieu à payement.

Dans le cas de mutation de comptable, la gestion comprend tous les faits accomplis jusqu'au jour de la remise de service.

Période annale.

60 RÈGLEMENT.

ART. 65.

Balance des écritures
au 31 décembre.

Au 31 décembre de chaque année, le comptable établit sur le compte annuel la balance des entrées et des sorties, et, par suite, l'existant d'après les écritures dans chaque établissement.

Cette balance doit faire ressortir, en outre, la valeur en numéraire du matériel existant en magasin, d'après les bases d'évaluation arrêtées par le Ministre.

L'existant au 31 décembre figure, à la date du 1er janvier, dans le compte de l'année suivante.

ART. 66.

Opérations complémentaires
à inscrire
au compte de gestion
au 31 janvier.

Au 31 janvier de chaque année, le compte annuel, qui a été totalisé au 31 décembre, est complété par l'inscription des entrées à charge de payement imputables sur l'exercice de l'année du compte et effectuées pendant le mois de janvier, ainsi que des sorties correspondantes nécessaires pour la corrélation, conformément aux prescriptions de l'article 64.

ART. 67.

Époque de l'envoi
du
compte annuel de gestion.

Le compte annuel est ensuite soumis à la vérification de l'autorité chargée du contrôle et arrêté par elle.

Une expédition est laissée au comptable et l'autre est adressée, avec toutes les pièces justificatives à l'appui, au Ministre de la guerre, par la voie hiérarchique, dans le courant du deuxième mois de chaque année pour l'année précédente. Le comptable dont les fonctions ont cessé pendant le cours de l'année est tenu de produire son compte dans les deux mois qui suivent l'époque de la remise de son service.

ART. 68.

Vérification
des comptes annuels
au
ministère de la guerre.

A l'arrivée au ministère de la guerre des comptes annuels, il est procédé à leur vérification au moyen des pièces justificatives dont ils sont accompagnés.

Les observations auxquelles donne lieu cette vérification sont transmises à l'autorité chargée du contrôle local pour qu'elle les notifie aux comptables et qu'elle provoque de leur part les explications nécessaires.

Ces explications, sur lesquelles le sous-intendant militaire ou le chef de service émet son avis, sont adressées dans le plus bref délai au Ministre, qui prescrit les rectifications reconnues nécessaires.

ART. 69.

Résumés généraux
adressés
à la Cour des comptes
avec
les comptes individuels
de gestion.

Tous les faits relatés dans les comptes de gestion, après avoir été contrôlés, sont sommairement reportés dans des résumés généraux (modèle n° 3) établis, par branche de service, en deux expéditions, dont l'une pour les archives de la guerre.

La seconde expédition de ces résumés, accompagnée des comptes individuels de gestion et de toutes les pièces justificatives, est adressée par le Ministre de la guerre à la Cour des comptes, dans les deux premiers mois de la seconde année qui suit celle de la gestion.

Chaque résumé général est accompagné d'un état détaillé du matériel prêté ou en dépôt. Cet état présente la situation au 1er janvier et au 31 décembre de l'année courante, ainsi que les réintégrations et les sorties opérées pendant l'année. Il indique, pour le matériel non réintégré au 31 décembre, les établissements qui ont fait la livraison, les noms et qualités des dépositaires ou des parties en faveur desquelles les prêts ont été consentis, ainsi que la date de l'autorisation et l'évaluation d'après les prix ministériels. Ce matériel figure au compte général dans une colonne spéciale.

ART. 70.

A l'époque indiquée par l'article précédent, le compte général du matériel de la guerre est établi d'après les résumés généraux et les pièces justificatives qui lui servent de base.

Le compte général fait ressortir les dépenses et l'accroissement du matériel.

Il fait ressortir les dépenses et l'accroissement du matériel effectués pendant l'année.

Ce compte est imprimé, distribué à l'Assemblée nationale et soumis, en outre, en vertu des articles 192 et 880 du décret du 31 mai 1862, portant règlement général sur la comptabilité publique, à la commission chargée annuellement de la vérification des comptes des Ministres.

Il est soumis à l'Assemblée nationale et à la commission des comptes des Ministres.

ART. 71.

A la réception de la déclaration prononcée par la Cour des comptes sur les comptes de gestion, le Ministre arrête ceux de ces comptes qui n'ont donné lieu à aucune observation de la Cour.

La notification de cet arrêté aux comptables leur tient lieu de quitus.

Libération des comptables après la déclaration de conformité prononcée par la Cour des comptes.

ART. 72.

Dans le cas où la déclaration de la Cour des comptes contient des observations sur la gestion d'un comptable, le Ministre en donne communication à ce dernier, et provoque de sa part des explications ou des justifications nouvelles.

Délai pour produire des justifications nouvelles en cas d'observations de la Cour.

Il est accordé au comptable un délai de trois mois, à dater du jour de la réception de cette communication, pour adresser au Ministre les explications et justifications demandées.

ART. 73.

Sur le vu des observations ou justifications nouvelles produites par les comptables dans le délai fixé par l'article précédent, le Ministre de la guerre statue, arrête définitivement leur compte et leur notifie son arrêté.

Arrêté définitif des comptes de gestion.

ART. 74.

Arrêté d'office des comptes
à défaut de justifications
produites
en temps utile.

Si les justifications demandées ne sont pas fournies dans le délai prescrit par l'article 72 ci-dessus, le Ministre statue d'office et arrête définitivement les résultats de la gestion du comptable.

ART. 75.

Le quitus n'est délivré
qu'après la preuve
du
remboursement
des imputations.

Lorsque les arrêtés pris par le Ministre, en vertu des articles 73 et 74 ci-dessus, font ressortir des différences avec la balance du compte produit par le comptable, le Ministre prescrit les mesures nécessaires pour le payement des quantités manquantes, et le comptable n'obtient son quitus que lorsqu'il a produit la preuve du remboursement des déficit mis à sa charge.

ART. 76.

Recours
contre les décisions
du Ministre.

Les décisions du Ministre, régulièrement notifiées, ne peuvent être attaquées que dans la forme et les délais déterminés par le décretdu 22 juillet 1806.

Néanmoins, dans le cas d'erreur matérielle, le recours en redressement demeure ouvert jusqu'à l'expiration des délais fixés par les articles 9 et 10 de la loi du 29 janvier 1831.

ART. 77.

Réponses aux déclarations
de
la Cour des comptes.

Immédiatement après l'arrêté définitif de tous les comptes de chaque année, le Ministre transmet à la Cour des comptes un résumé faisant connaître la suite qui a été donnée à ses déclarations, et les redressements que leur prise en considération motivera dans les comptes de la gestion suivante.

TITRE III.

DISPOSITIONS SPÉCIALES.

ART. 78.

Rétablissement
au crédit de chaque service
du montant
des cessions qu'il a faites.

Afin de maintenir toujours à son chiffre l'importance et la valeur des approvisionnements de chaque service, tout service qui fera des cessions à un autre service, à un autre ministère ou à toute autre partie prenante, obtiendra le rétablissement à son crédit du montant de ces cessions, mais sous la condition expresse que la somme ainsi remboursée sera exclusivement employée à racheter du matériel de même nature, quel que soit l'exercice qui ait supporté la dépense des objets cédés.

ART. 79.

Comptabilité des matières
aux armées
soumises à des dispositions
spéciales.

Le présent règlement est applicable à tous les établissements compris dans la circonscription des divisions territoriales de l'intérieur et de l'Algérie.

Il n'est point applicable à l'état de guerre : la comptabilité des matières aux armées en campagne sera l'objet d'instructions appropriées aux circonstances, à la nature et au théâtre des opérations.

ART. 80.

Les dispositions du présent règlement ne sont pas applicables aux comptes du service des poudres et salpêtres, qui, en vertu de dispositions antérieures, sont soumis au jugement de la Cour des comptes.

Service des poudres et salpêtres.

ART. 81.

Chacun des services du département de la guerre préparera immédiatement, pour l'application du présent règlement, une instruction détaillée dont les dispositions devront être entièrement basées sur les principes ci-dessus consacrés.

Instruction détaillée pour chacun des services.

ART. 82.

Sont abrogées toutes les dispositions antérieures au présent règlement.

Abrogation des dispositions antérieures.

ART. 83.

Le présent règlement sera inséré au Bulletin des lois.

Insertion au Bulletin des lois.

Paris, le 19 novembre 1871.

Le Ministre de la Guerre,

Gal E. DE CISSEY.

Approuvé :

Le Président de la République ;

A. THIERS.

Par le Président de la République :

Le Ministre de la Guerre,

Gal E. DE CISSEY.

Pour ampliation :

L'Intendant général,
Directeur général du contrôle et de la Comptabilité,

L. GUILLOT.

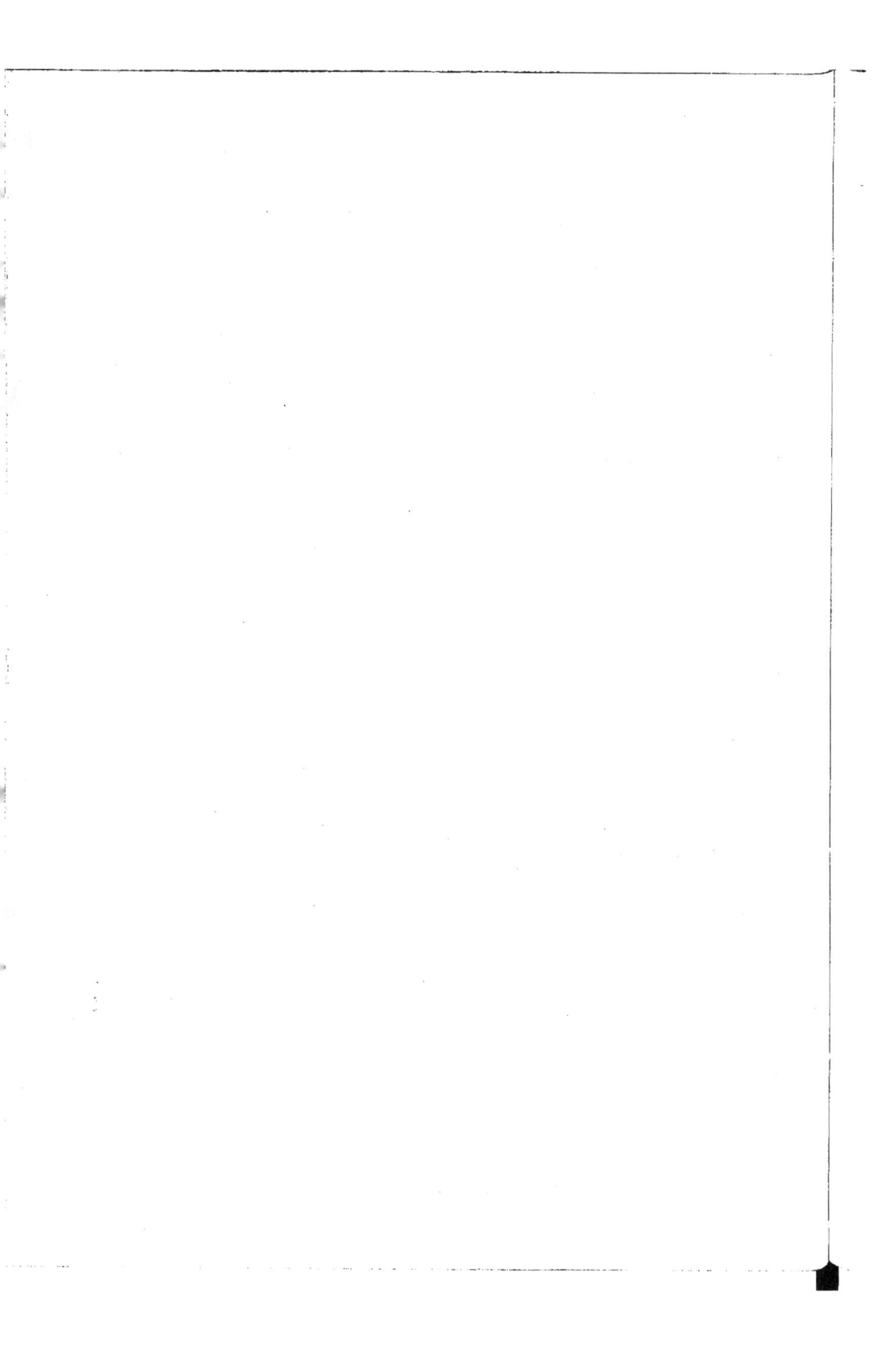

TABLE ALPHABÉTIQUE

DES

MATIÈRES CONTENUES DANS LE RÈGLEMENT.

────────

Guerre. — *Règlement.*   9

MODÈLES.

MINISTÈRE
DE LA GUERRE.

COMPTABILITÉ-MATIÈRES.

MODÈLE N° 1.

Art. 59 du Règlement
du 19 novembre 1871.

Hauteur : 0^m,50 ; largeur : 0^m,35.

ANNÉE 1872.

PLACE DE LA FÈRE.

SERVICE DE L'ARTILLERIE.

M.   , Comptable.

REGISTRE JOURNAL.

Commencé le 1er janvier 1872.

Fini le 31 décembre 1872.

Nota. Toutes les opérations à charge ou à décharge sont inscrites sur le registre journal dans l'ordre chronologique des faits.

Les pièces justificatives des opérations de chaque gestion sont revêtues de numéros d'ordre dont la série commence toujours par le n° 1.

Le numéro attribué à chaque pièce justificative est rigoureusement déterminé par l'ordre chronologique des opérations, quelle que soit d'ailleurs la nature de l'opération.

La série est unique pour les opérations à charge et à décharge.

NUMÉROS D'ORDRE ANNUEL des pièces justificatives.		NUMÉROS de LA NOMENCLATURE		DATES		OBJET SOMMAIRE auquel
Entrées.	Sorties.	par unité collective.	par unité détaillée.	de L'ÉTABLISSEMENT de la pièce.	du RÉCÉPISSÉ.	LES PIÈCES SE RAPPORTENT.
1	//	1	2	12 déc. 1871..	12 déc. 1871..	Acheté : 15 canons de siége de 12, rayés, à 3,000 francs....
1	//	1	4	Idem........	Idem........	———— 4 canons de place de 16, à âme lisse, à 4,250 francs.
1	//	1	7	Idem........	Idem........	———— 12 canons de campagne de 4, rayés, à 1,200 francs..
1	//	124	3	Idem........	Idem........	———— 3,500 boulets de 16......................
1	//	124	4	Idem........	Idem........	———— 2,000 boulets de 12......................
//	2	1	2	Idem........	....	Contre-partie de l'entrée du même jour : 15 canons de siége de 12, rayés.
//	2	1	4	Idem........	....	———— 4 canons de place de 16, à âme lisse.
//	2	1	7	Idem........	....	———— 12 canons de campagne de 4, rayés.
//	2	124	3	Idem........	....	———— 3,500 boulets de 16..
//	2	124	4	Idem........	....	———— 2,000 boulets de 12../
//	3	1	2	4 janvier 1872.	....	Distribué : 5 canons de siége de 12, rayés.
//	3	1	4	Idem........	....	———— 5 canons de place de 16, à âme lisse.
//	3	1	7	Idem........	....	———— 4 canons de campagne de 4, rayés.
4	//	1	2	5 idem......	5 janvier 1872.	Acheté de M..... 3 canons de siége de 12, rayés, à 2,500 francs.
4	//	1	4	Idem........	Idem........	———— 3 canons de place de 16, à âme lisse, à 6,000 fr.
4	//	1	7	Idem........	Idem........	———— 4 canons de campagne de 4, rayés, à 1,130 fr.
5	//	124	3	Idem........	Idem........	———— 1,200 boulets de 16, à 1 fr. 70 cent.
5	//	124	4	Idem........	Idem........	———— 1,600 boulets de 12.
6	//	1	2	10 idem......	10 idem......	Acheté : 17 canons de siége de 12, rayés.............
6	//	1	4	Idem........	Idem........	———— 6 canons de place de 16, à âme lisse............
6	//	1	7	Idem........	Idem........	———— 16 canons de campagne de 4, rayés............
7	//	124	3	Idem........	Idem........	———— 4,375 boulets de 16....................
7	//	124	4	Idem........	Idem........	———— 3,000 boulets de 12....................
//	8	20	2	13 idem......	....	Cédé au service d..., contre remboursement : 6 affûts pour canons de 16.
//	8	20	3	Idem........	....	———— 3 affûts pour canons de 12, rayés.
9	//	20	2	15 idem......	15 janvier....	Acheté de M....... 3 affûts pour canons de 16, à 775 francs.
9	//	20	3	Idem........	Idem........	———— 2 affûts pour canons de 12, rayés, à 650 fr.
//	10	124	3	20 idem......	....	Distribué : 3,500 boulets de 16.
//	10	124	4	Idem........	....	———— 1,700 boulets de 12.
11	//	124	3	25 idem......	....	Réintégration : 250 boulets de 16.
11	//	124	4	Idem........	....	———— 1,500 boulets de 12.
12	//	1	2	27 février....	27 février....	Excédant reconnu à la suite du recensement, de............... 7 canons de siége de 12, rayés.
12	//	1	4	Idem........	Idem........	———— 3 canons de place de 16, à âme lisse.
12	//	1	7	Idem........	Idem........	———— 7 canons de campagne de 4, rayés.

NUMÉROS D'ORDRE ANNUEL des pièces justificatives.		NUMÉROS de LA NOMENCLATURE		DATES		OBJET SOMMAIRE auquel
Entrées.	Sorties.	par unité collective.	par unité détaillée.	de L'ÉTABLISSE-MENT de la pièce.	du RÉCÉPISSÉ.	LES PIÈCES SE RAPPORTENT.

10.

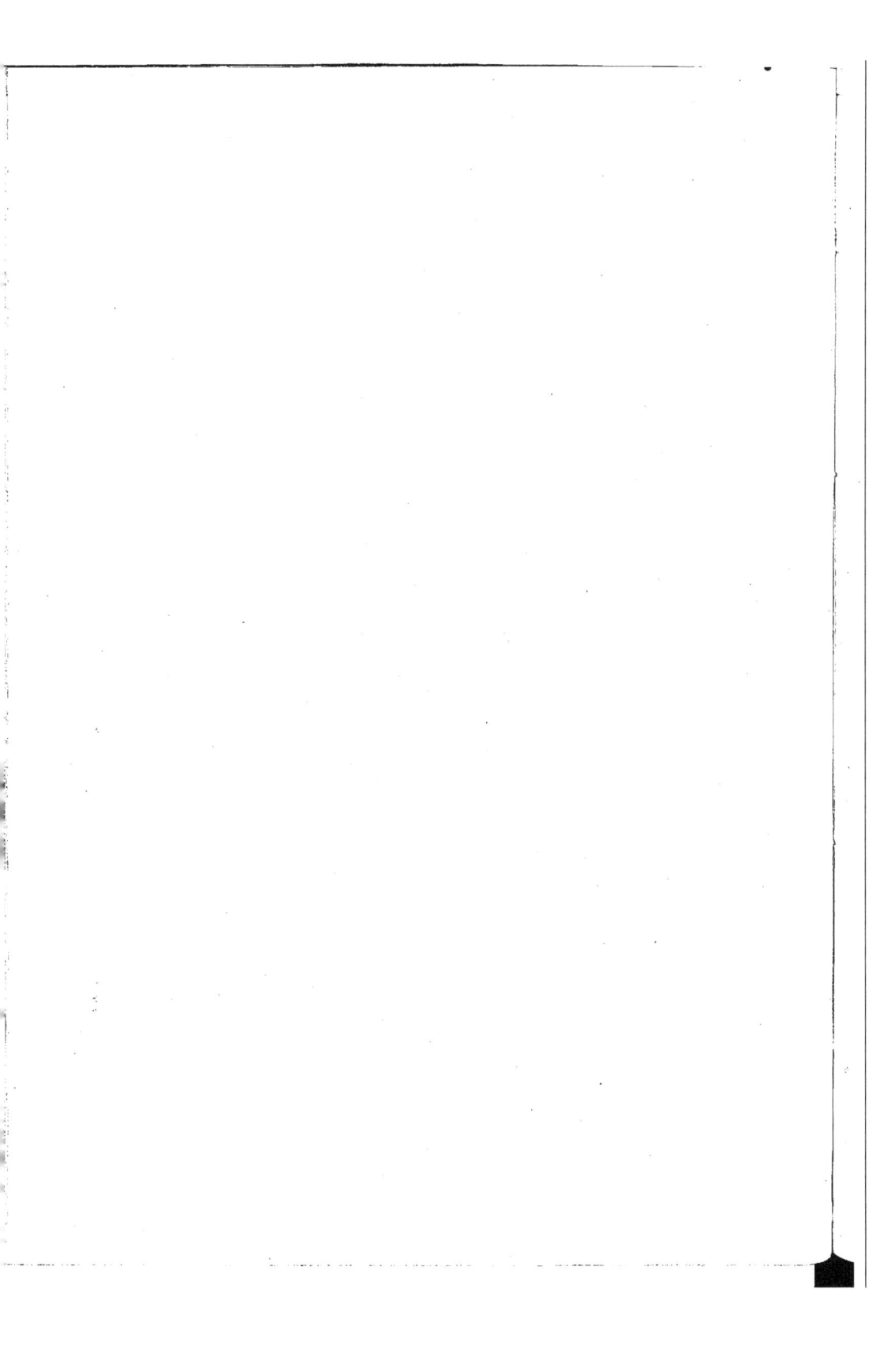

MINISTÈRE
DE LA GUERRE.

COMPTABILITÉ-MATIÈRES.

ANNÉE 1872.

MODÈLE N° 2.

Art. 59 du Règlement
du 19 novembre 1871.

Hauteur : o^m,54 ; largeur : o^m,38.

SERVICE DE L'ARTILLERIE.

PLACE DE LA FÈRE.

M.   , comptable.

COMPTE ANNUEL DE GESTION

PRÉSENTANT LES ENTRÉES ET LES SORTIES DES MATIÈRES

EFFECTUÉES DU 1er JANVIER AU 31 DÉCEMBRE 1872.

Le présent compte, renfermant   pages, a été coté
et parafé par nous, sous-intendant militaire, employé à

A   , le   187   .

CORRÉLATION.	PIÈCES À L'APPUI DU COMPTE.	CAUTIONNEMENT.
Dépense résultant du présent compte. (Achat de matériel, frais de fabrication, etc.)............ 158,743^f 75^c	Pièces d'entrées............. 80	Quotité......... 5,000^f.
Dépense justifiée en deniers. (Frais d'exploitation, etc.)..................... 84,250 25	Pièces de sorties............. 60	Nature......... rentes.
Total................. 242,994 00	Notes de révision............. 2	Réalisation...... 4 septembre 1861.
OBSERVATIONS.		

INSTRUCTION

SUR LA MANIÈRE DE TENIR LE COMPTE ANNUEL DE GESTION.

Le compte annuel de gestion est tenu en deux expéditions.

Un compte spécial est ouvert dans ce registre par nature d'unité collective et détaillée, et dans l'ordre de la nomenclature.

Les entrées et les sorties du matériel y sont portées suivant l'ordre chronologique des faits, et d'après les pièces justificatives qui ont dû être préalablement transcrites d'une manière sommaire au registre journal.

Le libellé des articles doit être clair et précis, sans surchages ni interlignes; les grattages sont formellement interdits; les ratures ne sont autorisées que dans le cas d'erreurs matérielles, et doivent toujours être faites de manière que les mots rayés restent parfaitement lisibles. Lorsqu'il y a lieu de rectifier une inscription, le redressement s'opère par un nouvel article mentionnant le motif de la rectification.

Les nombres à inscrire dans les colonnes 5, 6, 7, 17, 18, 38 et 39 représentent soit les prix de convention fixés par le Ministre, soit les prix réels d'achat ou de transformation, et ont par conséquent le franc pour unité.

Au contraire, les nombres que l'on porte dans les colonnes 12, 13, 14, 15, 16, 19, 20, 21, 22, 26, 27, 28, 29, 30, 31, 32, 33, 34, 35, 36 et 37 représentent les quantités au poids, au nombre ou à la mesure d'après l'unité réglementaire applicable à chaque espèce d'objets et indiquée dans la colonne 4.

Le compte annuel est ouvert au 1er janvier de chaque année.

On y inscrit d'abord, à l'aide du compte de l'année qui vient d'expirer, les entrées à charge de payement imputables sur l'exercice du compte, mais faites par anticipation dans les derniers mois de cette année expirée.

Ces entrées ayant réellement eu lieu en quantités, pendant l'année précédente, et ne devant par conséquent figurer sur le compte courant que comme dépense, y font en même temps l'objet d'une sortie sans dépense.

Exemple : Le 12 décembre 1871, on a acheté 15 canons de siége de 12, rayés, à raison de 3,000 francs l'un, soit une dépense de 45,000 francs.

Cette entrée est portée au compte de 1872 comme entrée à charge de payement, et la somme de 45,000 francs figure dans la colonne 17.

Mais comme le comptable a déjà inscrit ces 15 canons sur le compte de 1871, au moment de l'entrée réelle, il faut, sur le compte 1872, en faire une sortie ne donnant pas lieu à payement, de telle sorte qu'il ne reste en réalité sur ce compte que la dépense de 45,000 francs qui est imputable sur l'exercice 1872.

Après avoir inscrit sur le compte annuel toutes les dépenses de ce genre, on y porte la reprise de l'inventaire précédent, c'est-à-dire le restant au 31 décembre de l'ancien compte; par conséquent, s'il s'agit de l'année 1872, la colonne 15 de ce compte sera le relevé exact de la colonne 34 du compte de 1871.

Par suite de la faculté accordée à différents services de recevoir jusqu'au 1er février de chaque année du matériel dont l'achat est imputable sur l'exercice précédent, il y aura souvent à inscrire dans le courant de janvier des entrées qui doivent figurer sur le compte en quantités seulement; dans ce cas, l'opération sera portée dans la colonne 19 (Entrées sans dépense en deniers).

Exemple : Le 10 janvier 1872, on a reçu 17 canons de siége de 12, rayés, achetés sur les fonds de 1871; ces 17 canons ne sont inscrits au compte de 1872 que dans la colonne des entrées sans dépense en deniers.

Au 31 décembre de chaque année, le comptable établit la balance des entrées et des sorties, et, par suite, les restants en magasin, d'après les écritures, restants qu'il inscrit dans la colonne 34.

Il fait en outre le décompte en argent du matériel existant, en appliquant aux différents objets, suivant leur classement, les prix ministériels indiqués dans les colonnes 5, 6 et 7, et obtient ainsi la valeur réglementaire du matériel en magasin au 31 décembre.

Le compte est complété pendant le mois de janvier par l'inscription des entrées imputables sur l'exercice qui lui donne son nom.

Ces entrées, qui ont eu lieu après le 31 décembre, figurent dans le compte comme entrées à charge de payement; mais elles font immédiatement l'objet d'une sortie ne donnant pas lieu à payement, de manière que la dépense seule reste dans le compte.

Au 31 janvier, le compte annuel est soumis à la vérification de l'autorité chargée du contrôle, qui arrête le compte.

Une expédition est laissée au comptable, et l'autre est adressée, avec toutes les pièces à l'appui, au Ministre de la guerre, par la voie hiérarchique, dans le courant du mois de février.

CONSTATATION DES RECENSEMENTS EFFECTUÉS PENDANT L'ANNÉE 1872.

DATES.	RÉSULTAT SOMMAIRE DES RECENSEMENTS.
1ᵉʳ avril.	Le certifie avoir inventorié aujourd'hui le matériel compris sous les nᵒˢ 1 à 12 de la nomenclature sommaire, et avoir trouvé concordance entre les résultats de ce recensement et ceux des écritures. *(Signature.)*
22 mai.	Le certifie avoir inventorié aujourd'hui le matériel compris sous les nᵒˢ 13 à 50 de la nomenclature sommaire, et avoir trouvé un excédant pour les nᵒˢ 25, 29 et 41, et un déficit pour les nᵒˢ 23, 28, 47 et 49. Ces résultats sont constatés en détail par un procès-verbal nᵒ *(Signature.)*

MODÈLES.

CONSTATATION DES RECENSEMENTS EFFECTUÉS PENDANT L'ANNÉE 1872.

DATES.	RÉSULTAT SOMMAIRE DES RECENSEMENTS.

CONSTATATION DES RECENSEMENTS EFFECTUÉS PENDANT L'ANNÉE 1872.

DATES.	RÉSULTAT SOMMAIRE DES RECENSEMENTS.

82

| NUMÉRO D'ORDRE de la nomenclature par unité | | DÉNOMINATION DES MATIÈRES ET OBJETS. | UNITÉ RÉGLEMEN-TAIRE. | PRIX MINISTÉRIELS À AFFECTER AUX OBJETS | | | DATE des entrées. | NUMÉROS DES PIÈCES. | DÉTAIL DES ENTRÉES. | EXER-CICES d'im-puta-tion autres que celui du compte | CLASSEMENT. | | |
principale, simple ou collective. 1	dé-taillée. 2	3	4	neufs. 5	bons. 6	à réparer. 7	8	9	10	11	Neuf. 12	Bon. 13	A répa-rer. 14
1		CANONS EN BRONZE. (Modèle actuel.)		fr. c.	fr. c.	fr. c.	1872.						
	2	Canons de siège de 12, rayés..	Nombre.	2,910.00	2,000.00	1,200.00	1871. 12 décembre.	1	Achat imputable sur 1872.....	.....	15	»	»
							1872. 1er janvier.	»	Inventaire au 31 décembre 1871.	.....	7	20	4
							5 janvier.	4	Acheté de M... à 2,500 francs.	.....	3	»	»
							10 janvier.	6	Achat imputable sur........	1871.	10	2	5
							27 février.	12	Entrée comme excédant reconnu.	.....	»	4	2
							15 avril.	20	Produit d'un déclassement	.....	»	4	6
							24 juin.	26	Reçu de la fonderie de..	.....	75	»	»
							29 août.	34	Cession du service de..... à 3,000 francs..............	.....	»	1	»
							18 novembre.	44	Reçu d'un établissement du ser-vice...............	.....	2	2	1
							15 décembre.	49	Achat imputable sur........	1873.	50	20	»
							25 décembre.	54	Produit d'une transformation à 500 francs..............	.....	3	»	»
											165	53	18
	4	Canons de place de 16, à âme lisse.............	Idem...	5,700.00	4,200.00	3,090.00	1871. 12 décembre.	1	Achat imputable sur 1872..	.....	4	»	»
							1872. 1er janvier.	»	Inventaire au 31 décembre 1871.	.....	2	8	7
							5 janvier.	4	Acheté de M... à 6,000 francs.	.....	3	»	»
							10 janvier.	6	Achat imputable sur........	1871.	2	1	3
							27 février.	12	Entrée comme excédant reconnu.	.....	»	1	2
							15 avril.	20	Produit d'un déclassement	.....	»	6	4
							24 juin.	26	Reçu de la fonderie de........	.....	12	»	»
							29 août.	34	Reçu du service de..... à 2,500 francs..............	.....	»	»	3
							18 novembre.	44	Reçu d'un établissement du ser-vice...............	.....	4	1	5
							15 décembre.	49	Achat imputable sur........	1873.	1	4	2
							21 décembre.	54	Produit d'une transformation à 400 francs..............	.....	2	»	»
											30	21	26
	7	Canons de campagne de 4, rayés.	Idem...	1,250.00	800.00	500.00	1871. 12 décembre.	1	Achat imputable sur 1872	.....	12	»	»
							1872. 1er janvier.	»	Inventaire au 31 décembre 1871.	.....	3	8	7
							5 janvier.	4	Acheté de M... à 1,130 francs.	.....	»	4	»
							10 janvier.	6	Achat imputable sur........	1871.	8	5	3
							27 février.	12	Entrée comme excédant reconnu.	.....	1	2	4
							15 avril.	20	Produit d'un déclassement	.....	»	8	6
							24 juin.	26	Reçu de la fonderie de........	.....	16	»	»
							29 août.	34	Cession du service de..... à 750 francs..............	.....	»	3	»
							18 novembre.	44	Reçu d'un établissement du ser-vice...............	.....	8	4	12
							15 décembre.	49	Achat imputable sur........	1873.	2	4	5
							25 décembre.	54	Produit d'une transformation à 450 francs..............	.....	3	»	»
							28 décembre.	56	Produit d'une transformation sans dépense..............	.....	»	2	»
											53	40	37
									N° 1. — TOTAUX.......		.....	.....	.....
									A reporter........		.....	.....	.....

DÉPENSE de l'inventaire au 31 déc. de l'année précédente.	ENTRÉES à charge de payement.			ENTRÉES sans dépense en deniers.	ENTRÉES d'ordre.	TOTAL des entrées.	
	Quantités.	Dépense				par opération.	par unité.
		par opération.	par unité.				
15	16	17	18	19	20	21	22
		fr. c.	fr. c.				
"	"	15	45,000.00	"	"	15	
2	31	"	"	"	"	31	
"	"	3	7,500.00	"	"	3	
5	"	"	"	17	"	17	
2	"	"	"	6	"	6	
6	"	"	"	10	"	10	
"	"	"	"	"	75	75	
"	"	1	3,000.00	"	"	1	
1	"	"	"	"	5	5	
"	"	"	"	70	"	70	
"	"	3	1,500.00	"	"	3	
18							236
"	"	4	18,000.00	"	"	4	
7	17	"	"	"	"	17	
"	"	3	18,000.00	"	"	3	
3	"	"	"	6	"	6	
2	"	"	"	3	"	3	
4	"	"	"	10	"	10	
"	"	"	"	"	12	12	
3	"	3	7,500.00	"	"	3	
5	"	"	"	"	10	10	
2	"	"	"	7	"	7	
"	"	2	800.00	"	"	2	
26							77
"	"	12	14,400.00	"	"	12	
7	18	"	"	"	"	18	
"	"	4	4,520.00	"	"	4	
5	"	"	"	16	"	16	
4	"	"	"	7	"	7	
6	"	"	"	14	"	14	
"	"	"	"	"	16	16	
"	"	3	2,250.00	"	"	3	
12	"	"	"	"	24	24	
5	"	"	"	11	"	11	
"	"	3	1,350.00	"	"	3	
"	"	"	"	2	"	2	
37							130
....	66	56	123,820.00	179	142	....	443
....	....	....	123,820.00	....	....		

DATES des sorties.	NUMÉROS DES PIÈCES.	DÉTAIL DES SORTIES.
23	24	25
1872.		
1871. 12 décembre.	2	Contre-partie de l'entrée du même jour........................
1872. 4 janvier.	3	Distribution..
28 février.	13	Sortie à charge de remboursement....................
15 avril.	19	Sortie pour cause de déclassement....................
25 juin.	27	Versé à un établissement du service....................
30 août.	35	Cédé au service de N....................
20 novembre.	46	Sortie pour cause de réparations....................
10 décembre.	48	Perte par force majeure....................
1871. 12 décembre.	2	Contre-partie de l'entrée du même jour....................
1872. 4 janvier.	3	Distribution....................
28 février.	13	Sortie à charge de remboursement....................
15 avril.	19	Sortie pour cause de déclassement....................
25 juin.	27	Versé à un établissement du service....................
30 août.	35	Cédé au service de N....................
20 novembre.	46	Sortie pour cause de réparations....................
10 décembre.	48	Perte par force majeure....................
1871. 12 décembre.	2	Contre-partie de l'entrée du même jour....................
1872. 4 janvier.	3	Distribution....................
28 février.	13	Sortie à charge de remboursement....................
15 avril.	19	Sortie pour cause de déclassement....................
25 juin.	27	Versé à un établissement du service....................
30 août.	35	Cédé au service de N....................
20 novembre.	46	Sortis pour être réparés....................
10 décembre.	48	Perte par force majeure....................
		Nº I. — TOTAUX....................
		A reporter....................

TIES. | | | | | | | | INVENTAIRE.

Neuf. 26	Bon. 27	A réparer. 28	Sorties à charge de payement. 29	Sorties ne donnant pas lieu à payement. 30	Sortis d'ordre. 31	par opération. 32¹	par unité. 33	Restant au 31 décembre d'après les écritures par unités. 34	Neuf. 35	Bon. 36	A réparer. 37	par unité détaillée. 38 fr. c.	par unité principale, simple ou collective. 39 fr. c.	Observations. 40
15	»	»	»	15	»	»	15							
3	2	»	»	5	»	»	5							
»	4	2	6	»	»	»	6							
4	6	»	»	10	»	»	10							
4	8	5	»	»	17	»	17							
2	2	»	4	»	»	»	4							
»	»	4	»	4	»	»	4							
12	16	3	»	31	»	»	31							
40	38	14					92	144	125	15	4	398,550.00		
4	»	»	»	4	»	»	4							
3	2	»	»	5	»	»	5							
1	2	»	3	»	»	»	3							
6	4	»	»	10	»	»	10							
5	2	10	»	»	17	»	17							
2	»	»	2	»	»	»	2							
»	»	8	»	8	»	»	8							
4	1	3	»	8	»	»	8							
25	11	21					57	20	5	10	5	85,500.00		
12	»	»	»	12	»	»	12							
»	4	»	»	4	»	»	4							
»	»	5	5	»	»	»	5							
3	6	»	»	14	»	»	14							
6	5	7	»	»	18	»	18							
1	1	»	2	»	»	»	2							
»	»	15	»	15	»	»	15							
2	3	4	»	9	»	»	9							
29	19	31					79	51	24	21	6	49,800.00		
....	....	....	22	154	52		228	215	....	....	....		533,850.00	
....	....	....						....	....	....	....		533,850.00	

NUMÉRO D'ORDRE de la nomenclature par unité		DÉNOMINATION DES MATIÈRES ET OBJETS.	UNITÉ RÉGLEMENTAIRE.	PRIX MINISTÉRIELS À AFFECTER AUX OBJETS			DATE des entrées.	NUMÉROS DES PIÈCES.	DÉTAIL DES ENTRÉES.	EXERCICES d'imputation autres que celui du compte	CLASSEMENT.		
principale, simple ou collective.	détaillée.			Neufs.	Bons.	à réparer.					Neuf.	Bon.	A réparer.
1	2	3	4	5	6	7	8	9	10	11	12	13	14
				fr. c.	fr. c.	fr. c.							
20		AFFÛTS DE SIÈGE AVEC ROUES SANS AVANT-TRAIN. (Modèle actuel.)					1872. —		Report.............	.....	.....	.....	...
							1er janvier.	»	Inventaire au 31 décembre 1871.	.....	8	2	»
							15 janvier.	9	Acheté de N... à 775 francs l'un.	.....	»	3	»
							8 mars.	14	Cession à 830 francs l'un.	.....	4	»	»
							24 avril.	21	Versement d'un établissement du service.	.....	5	8	1
							3 juillet.	28	Fabrication dans les ateliers....	.....	6	»	»
	2	Affûts pour canons de 16......	Nombre.	»	»	»	13 septembre.	37	Cession à 830 francs l'un......	.....	2	»	»
							4 octobre.	40	Produit d'un déclassement.	.....	»	4	5
							9 novembre.	42	Fabrication à 200 francs......	.....	3	»	»
							18 novembre.	45	Versement d'un établissement du service................	.....	4	5	6
							20 décembre.	52	Entrée après une réparation de 50 francs................	.....	»	8	»
							25 décembre.	55	Entrée après une réparation sans dépense.................	.....	»	2	»
											32	32	12
							1er janvier.	»	Inventaire au 31 décembre 1871.	.....	3	2	1
							15 janvier.	9	Acheté de N... à 650 francs....	.....	2	»	»
							8 mars.	14	Cession à 420 francs l'un.	.....	»	5	»
							24 avril.	21	Versement d'un établissement du service.	.....	8	2	4
	3	Pour canons de 12 rayés......	Idem....	760 00	475 00	250 00	3 juillet.	28	Fabrication dans les ateliers ...	.....	1	»	»
							13 septembre.	37	Cession à 725 francs.	.....	6	»	»
							4 octobre.	40	Produit d'un déclassement.....	.....	»	8	5
							2 novembre.	42	Fabrication évaluée à 250 fr. en bloc.........	.....	2	»	»
							18 novembre.	45	Versement d'un établissement du service...............	.....	7	3	9
							20 décembre.	52	Reçu après réparation à 75 francs.	.....	»	1	»
							25 décembre.	55	Reçu après réparation sans dépense.................	.....	»	3	»
											29	24	19
124		BOULETS PLEINS. (Modèles actuels.)							N° 20. — TOTAUX.......	.....	....	....	...
							1871. 12 décembre.	1	Achat imputable sur 1872.....	.....	1,500	2,000	»
							1872. 1er janvier.	»	Inventaire au 31 décembre 1871.	.....	5,000	10,000	»
							5 janvier.	5	Acheté de N... à fr. 75 cent.	.....	»	1,200	»
							10 janvier.	7	Achat imputable sur	1871	2,575	1,800	»
							25 janvier.	11	Réintégration.............	.....	»	250	»
							14 mars.	17	Boni résultant de l'exécution du service.	.....	175	325	»
	3	Boulets de 16...............	Idem....	2 00	4 50	»	8 mai.	24	Acheté de... à 2 fr. 25 cent. l'un.	.....	1,225	»	»
							12 juillet.	31	Cession d'un autre service à 2 fr. 50 cent.	.....	»	375	»
							9 août.	33	Produit d'un déclassement.....	.....	»	1,250	»
							4 septembre.	36	Versement d'un établissement du service................	.....	800	400	»
							15 décembre.	50	Achat imputable sur	1873.	4,000	5,000	»
							20 décembre.	53	Venant de la fonderie de......	.....	1,000	»	»
											16,275	22,600	»
									A reporter.........	.....	....	....	...

REPRISE de l'inventaire au 31 déc. de l'année précédente.	ENTRÉES à charge de payement.			ENTRÉES sans dépense en deniers.	ENTRÉES d'ordre.	TOTAL des entrées.	
	Quantités.	Dépense				par opération.	par unité.
		par opération.	par unité.				
15	16	17	18	19	20	21	22
			fr. c.	fr. c.			
....	....	....	123,820.00				
10	"	"		"	"	10	
"	3	2,325.00		"	"	3	
"	4	3,320.00		"	"	4	
"	"	"		"	14	14	
"	"	"		6	"	6	
"	2	1,660.00		"	"	2	
"	"	"		9	"	9	
"	3	600.00		"	"	3	
"	"	"		"	15	15	
"	8	400.00		"	"	8	
"	"	"		2	"	2	
							76
6	"	"		"	"	6	
"	2	1,300.00		"	"	2	
"	5	2,100.00		"	"	5	
"	"	"		"	14	14	
"	"	"		1	"	1	
"	6	4,350.00		"	"	6	
"	"	"		13	"	13	
"	2	250.00		"	"	2	
"	"	"		"	19	19	
"	1	75.00		"	"	1	
"	"	"		3	"	3	
							72
16	36	....	16,380.00	34	62	....	148
"	3,500	5,500.00		"	"	3,500	
15,000	"	"		"	"	15,000	
"	1,200	2,100.00		"	"	1,200	
"	"	"		4,375	"	4,375	
"	"	"		250	"	250	
"	"	"		500	"	500	
"	1,225	2,756.25		"	"	1,225	
"	375	562.50		"	"	375	
"	"	"		1,250	"	1,250	
"	"	"		"	1,200	1,200	
"	"	"		9,000	"	9,000	
"	"	"		"	1,000	1,000	
"							38,875
15,000	6,300	10,918.75	140,200.00	15,375	2,200	....	38,875

DATES des sorties.	NUMÉROS DES PIÈCES.	DÉTAIL DES SORTIES.
23	24	25
1872.		Report......................
13 janvier.	8	Cédé au service de... contre remboursement..................
8 mars.	15	Sortis pour être réparés.........................
25 avril.	22	Sortis pour être démolis.......................
12 mai.	25	Envoi à un établissement du service......................
4 juillet.	29	Livré à titre de distribution.....................
4 octobre.	39	Emploi à un déclassement.......................
15 octobre.	41	Sortie à charge de payement....................
2 décembre.	47	Perte par suite de.................................
13 janvier.	8	Cédé au service de... contre remboursement..............
8 mars.	15	Sortis pour être réparés.........................
25 avril.	22	Sortis pour être démolis.......................
12 mai.	25	Expédition à un établissement du service...................
4 juillet.	29	Livré à titre de distribution.....................
4 octobre.	39	Emploi à un déclassement......................
15 octobre.	31	Sortie à charge de payement....................
2 décembre	47	Perte par suite de................................
		N° 20. — TOTAUX..................
1871. 12 décembre.	2	Contre-partie de l'entrée du même jour....................
1872. 20 janvier.	10	Distribution........................
13 mars.	16	Sortie à charge de remboursement....................
2 avril.	18	Versé à un établissement du service....................
4 mai.	23	Cédé à un autre service......................
5 juillet.	30	Versé aux vieux fers.....................
9 août.	32	Employé à un déclassement..................
15 septembre.	38	Perte mise à la charge de l'État.................
4 novembre.	43	Distribution............................
18 décembre.	51	Versement à un établissement du service..................
		À reporter..................

	CLASSEMENT.			SORTIES à charge de payement.	SORTIES ne donnant pas lieu à payement.	SORTIES d'ordre.	TOTAL des sorties par opération.	par unité.	RESTANT au 31 décembre d'après les écritures par unité.	CLASSEMENT.			DÉCOMPTE en argent par unité détaillée.	par unité principale, simple ou collective.	OBSERVATIONS.
)R TIES.	Neuf.	Bon.	à réparer.							Neuf.	Bon.	à réparer.			
	25	27	28	29	30	31	52	33	34	35	36	37	38 fr. c.	39 fr. c.	40
.....	....	....	....	....	....	....	....	....	....	.....	....	.....	»	533,850.00	
..	2	4	»	.6	»	»	6								
..	»	»	2	»	2	»	2								
..	»	»	4	»	4	»	4								
..	1	4	2	»	.	7	7								
..	3	2	»	»	5	»	5								
..	4	5	»	»	9	»	9								
..	2	»	»	2	»	»	2								
..	8	10	1	»	19	»	19								
	20	25	9					54	22	12	7	3	14,350.00		
...	1	2	.	3	»	»	3								
...	»	»	4	»	4	»	4								
...	»	»	2	»	2	»	2								
...	2	3	5	»	»	10	10								
...	»	2	»	»	2	»	2								
...	8	5	»	»	13	»	13								
...	4	4	»	8	.	»	8								
...	2	3	7	»	12	»	12								
	17	19	18					54	18	12	5	1	11,745.00		
...	....	....	....	19	72	17	....	108	40				26,095.00		
...	1,500	2,000	»	»	3,500	»	3,500								
...	»	3,500	»	»	3,500	»	3,500								
...	2,275	1,000	»	3,275	»	»	3,275								
...	1,200	800	»	»	»	2,000	2,000								
...	500	600	»	1,100	»	»	1,100								
...	»	2,500	»	»	2,500	»	2,500								
...	1,250	»	»	»	1,250	»	1,250								
...	1,500	2,000	»	»	3,500	»	3,500								
...	2,800	3,000	»	»	5,800	»	5,800								
...	600	400	»	»	»	1,000	1,000								
	11,625	15,800	»					27,425	11,450	4,650	6,800	»	19,500.00		
...	....	....	....	4,375	20,050	3,000	....	27,425	11,450	....	....	.....	19,500.00	559,945.00	

Guerre. — *Règlement.*

EN
TR

NUMÉRO D'ORDRE de la nomenclature par unité		DÉNOMINATION DES MATIÈRES ET OBJETS.	UNITÉ RÉGLEMENTAIRE.	PRIX MINISTÉRIELS À AFFECTER AUX OBJETS.			DATE des entrées.	NUMÉROS DES PIÈCES.	DÉTAIL DES ENTRÉES.	EXERCICES d'imputation autres que celui du compte	CLASSEMENT.		
principale, simple ou collective.	détaillée.		RÉGLEMENTAIRE.	neufs.	bons.	à réparer.					Neuf.	Bon.	A réparer.
1	2	3	4	5	6	7	8	9	10	11	12	13	14
124		BOULETS PLEINS. (MODÈLES ACTUELS.) (Suite.)		fr. c.	fr. c.	fr. c.	1872. —		Report..............				
							1871. 12 décembre.	1	Achat imput. sur 1872, à 2f et 3f.	.....	500	1,500	»
							1872. 1er janvier.	»	Inventaire au 31 décembre 1871.	.....	2,000	3,000	»
							5 janvier.	5	Acheté de M..... à fr. 25 c. l'un...................	.....	400	1,200	»
							10 janvier.	7	Achat imputable sur........	1871.	800	2,200	»
							25 janvier.	11	Réintégration...............	.....	»	1,500	»
	4	Boulets de 12..............	Nombre.	1.50	1.00	»	14 mars.	17	Boni résultant de l'exécution du service..............	.....	100	250	»
							8 mai.	24	Acheté de M..... à 2 fr. 25 c. l'un...................	.....	200	800	»
							12 juillet.	31	Cession d'un autre service à 75c	.....	»	2,500	»
							9 août.	33	Produit d'un déclassement....	.....	»	1,800	»
							4 septembre.	36	Reçu d'un établissement du service...................	.....	4,500	2,000	»
		/					15 décembre.	50	Achat imputable sur.........	1873.	2,000	1,500	»
							20 décembre.	53	Reçu de la fonderie de.......	.....	5,000	»	»
											15,500	18,250	»
									N° 124. — TOTAUX......	.....	....	....	....
									MONTANT de la dépense......	.....	....	....	....

REPRISE de l'inventaire au 31 décembre de l'année précédente.	ENTRÉES à charge de payement.			ENTRÉES sans dépense en deniers.	ENTRÉES d'ordre.	TOTAL des entrées	
	Quantités.	Dépense				par opération.	par unité.
		par opération.	par unité.				
15	16	17	18	19	20	21	22
		fr. c.	fr. c.				
15,000	6,300	10,918.75	140,200.00	15,375	2,200	»	38,875
»	2,000	2,500.00		»	»	2,000	
5,000	»	»		»	»	5,000	
»	1,000	2,000.00		»	»	1,600	
»	»	»		3,000	»	3,000	
»	»	»		1,500	»	1,500	
»	»	»		350		350	
»	1,000	1,250.00		»	»	1,000	
»	2,500	1,875.00		»	»	2,500	
»	»	»		1,800		1,800	
»	»	»		»	6,500	6,500	
»	»	»		3,500	»	3,500	
»	»	»		»	5,000	5,000	
							33,750
20,000	13,400	....	18,543.75	25,525	13,700	....	72,625
....	....	....	158,743.75	-			

DATES des sorties. 23	NUMÉROS DES PIÈCES. 24	DÉTAIL DES SORTIES. 25
1872.		Report..........................
1871. 12 décembre.	2	Contre-partie de l'entrée du même jour....................
1872. 20 janvier.	10	Distribution....................................
13 mars.	16	Sortie à charge de remboursement...................
2 avril.	18	Versé à un établissement du service.................
4 mai.	23	Cédé à un autre service.........................
5 juillet.	30	Versé aux vieux fers.............................
9 août.	32	Employé à un déclassement.....................
15 septembre	38	Perte mise à la charge de l'État....................
4 novembre.	43	Distribution....................
18 octobre.	51	Versé à un établissement du service................
		N° 124. — TOTAUX..............
		MONTANT de l'inventaire................

TIES.								INVENTAIRE.						
CLASSEMENT.			SORTIES à charge de payement.	SORTIES ne donnant pas lieu à payement.	SORTIES d'ordre.	TOTAL des sorties		RESTANT au 31 décembre d'après les écritures par unité.	CLASSEMENT.			DÉCOMPTE en argent		OBSERVATIONS.
Neuf.	Bon.	à réparer.				par opération.	par unité.		Neuf.	Bon.	à réparer.	par unité détaillée.	par unité principale, simple ou collective.	
26	27	28	29	30	31	32	33	34	35	36	37	38	39	40
												fr. c.	fr. c.	
....	....	....	4,375	20,050	3,000	....	27,425	11,450	....	....	.....	19,500.00	559,945.00	
1,500	2,000	»	»	3,500	»	3,500								
200	1,500	»	»	»	»	1,700								
2,500	»	»	2,500	1,700	»	2,500								
1,000	1,200	»	1,000	»	2,200	2,300								
500	500	»	»	»	»	1,000								
»	2,500	»	»	2,500	»	2,500								
1,250	»	»	»	1,250	»	1,250								
2,800	1,850	»	»	4,650	»	4,650								
»	2,000	»	»	2,000	»	2,000								
1,500	1,500	»	»	»	3,000	3,000								
11,250	13,050	»				24,300		9,450	4,250	5,200	»	11,575.00		
....	....	....	7,875	35,650	8,200	....	51,725	20,900	....	....	....		31,075.00	
....	....	....	....	....	....	....	....	....	....	....	....	....	591,020.00	

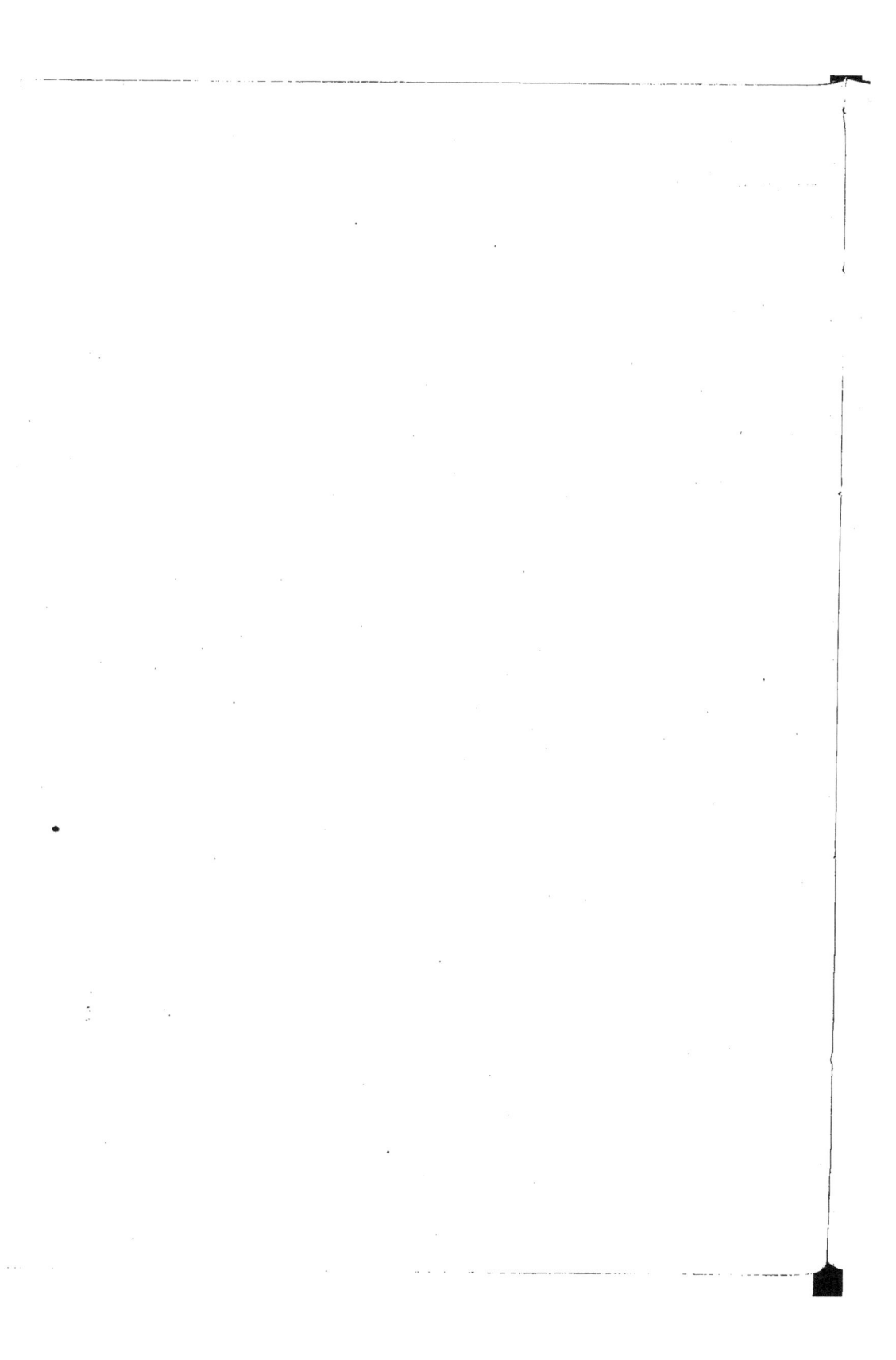

MINISTÈRE
DE LA GUERRE.

COMPTABILITÉ-MATIÈRES.

ANNÉE 1872.

MODÈLE N° 2.

Art. 59 du Règlement
du 19 novembre 1871.

Hauteur : 0ᵐ,54; largeur : 0ᵐ,38.

SERVICE DES HÔPITAUX.

PLACE DE PARIS.

M. Martin, officier d'administration, comptable.

COMPTE ANNUEL DE GESTION

PRÉSENTANT LES ENTRÉES ET LES SORTIES DES MATIÈRES

EFFECTUÉES DU 1ᵉʳ JANVIER AU 31 DÉCEMBRE 1872.

Le présent compte, renfermant   pages, a été coté
et paraíé par nous, sous-intendant militaire, employé à

A   , le   187 .

CORRÉLATION.	PIÈCES A L'APPUI DU COMPTE.	CAUTIONNEMENT.
Dépense résultant du présent compte. (Achat de matériel, frais de fabrication, etc.)............ 22,639ᶠ 64ᶜ	Pièces d'entrées............. 76	Quotité......... 8,000ᶠ.
Dépense justifiée en deniers. (Frais d'exploitation, etc.).................... 12,854 86	Pièces de sorties........... 51	Nature......... rentes.
Total................ 35,494 50	Notes de révision........... 2	Réalisation....... 4 septembre 1861.
OBSERVATIONS.		

INSTRUCTION

SUR LA MANIÈRE DE TENIR LE COMPTE ANNUEL DE GESTION.

Le compte annuel de gestion est tenu en deux expéditions.

Un compte spécial est ouvert dans ce registre par nature d'unité collective et détaillée, et dans l'ordre de la nomenclature.

Les entrées et les sorties du matériel y sont portées suivant l'ordre chronologique des faits, et d'après les pièces justificatives qui ont dû être préalablement transcrites d'une manière sommaire au registre journal.

Le libellé des articles doit être clair et précis, sans surcharges ni interlignes; les grattages sont formellement interdits; les ratures ne sont autorisées que dans le cas d'erreurs matérielles, et doivent toujours être faites de manière que les mots rayés restent parfaitement lisibles. Lorsqu'il y a lieu de rectifier une inscription, le redressement s'opère par un nouvel article mentionnant le motif de la rectification.

Les nombres à inscrire dans les colonnes 5, 6, 7, 17, 18, 38 et 50 représentent soit les prix de convention fixés par le Ministre, soit les prix réels d'achat ou de transformation, et ont par conséquent le franc pour unité.

Au contraire, les nombres que l'on porte dans les colonnes 12, 13, 14, 15, 16, 19, 20, 21, 22, 26, 27, 28, 29, 30, 31, 31, 33, 34, 35, 36 et 37 représentent les quantités au poids, au nombre ou à la mesure d'après l'unité réglementaire applicable à chaque espèce d'objets et indiquée dans la colonne 4.

Le compte annuel est ouvert au 1er janvier de chaque année.

On y inscrit d'abord, à l'aide du compte de l'année qui vient d'expirer, les entrées à charge de payement imputables sur l'exercice du compte, mais faites par anticipation dans les derniers mois de cette année expirée.

Ces entrées ayant réellement eu lieu en quantités, pendant l'année précédente, et ne devant par conséquent figurer sur le compte courant que comme dépense, y font en même temps l'objet d'une sortie sans dépense.

Exemple : Le 15 septembre 1871, on a acheté 150 kilogrammes de bandes roulées (linge à pansement neuf), à raison de 5 fr. 50 cent. le kilogramme, soit une dépense de 825 francs.

Cette entrée est portée au compte de 1872 comme entrée à charge de payement, et la somme de 825 francs figure dans la colonne 17.

Mais comme le comptable a déjà inscrit ces 150 kilogrammes de bandes sur le compte de 1871, au moment de l'entrée réelle, il faut, sur le compte de 1872, en faire une sortie ne donnant pas lieu à payement, de telle sorte qu'il ne reste en réalité sur le compte que la dépense de 825 francs qui est imputable sur l'exercice 1872.

Après avoir inscrit sur le compte annuel toutes les dépenses de ce genre, on y porte la reprise de l'inventaire précédent, c'est-à-dire le restant au 31 décembre de l'ancien compte; par conséquent, s'il s'agit de l'année 1872, la colonne 15 de ce compte sera le relevé exact de la colonne 34 du compte de 1871.

Par suite de la faculté accordée à différents services de recevoir jusqu'au 1er février de chaque année du matériel dont l'achat est imputable sur l'exercice précédent, il y aura souvent à inscrire dans le courant de janvier des entrées qui doivent figurer sur le compte en quantités seulement; dans ce cas, l'opération sera portée dans la colonne 19 (Entrées sans dépense en deniers).

Exemple : Le 15 janvier 1872, on a reçu 80 kilogrammes de bandes roulées, achetées sur les fonds de 1871; ces 80 kilogrammes ne sont inscrits dans le compte de 1872 que dans la colonne des entrées sans dépense en deniers.

Au 31 décembre de chaque année, le comptable établit la balance des entrées et des sorties, et, par suite, les restants en magasin, d'après les écritures, restants qu'il inscrit dans la colonne 34.

Il fait en outre le décompte en argent du matériel existant, en appliquant aux différents objets, suivant leur classement, les prix ministériels indiqués dans les colonnes 5, 6 et 7, et obtient ainsi la valeur réglementaire du matériel en magasin au 31 décembre.

Le compte est complété pendant le mois de janvier par l'inscription des entrées imputables sur l'exercice qui lui donne son nom.

Ces entrées, qui ont eu lieu après le 31 décembre, figurent dans le compte comme entrées à charge de payement; mais elles font immédiatement l'objet d'une sortie ne donnant pas lieu à payement, de manière que la dépense seule reste dans le compte.

Au 31 janvier, le compte annuel est soumis à la vérification de l'autorité chargée du contrôle, qui arrête le compte.

Une expédition est laissée au comptable, et l'autre est adressée, avec toutes les pièces à l'appui, au Ministre de la guerre, par la voie hiérarchique, dans le courant du mois de février.

CONSTATATION DES RECENSEMENTS EFFECTUÉS PENDANT L'ANNÉE 1872.

DATES.	RÉSULTAT SOMMAIRE DES RECENSEMENTS.
1er avril.	Le Sous-Intendant militaire certifie avoir inventorié aujourd'hui le matériel compris sous les n°s 1 à 12 de la nomenclature sommaire, et avoir trouvé concordance entre les résultats de ce recensement et ceux des écritures. *(Signature du Sous-Intendant militaire.)*
22 mai.	Le Sous-Intendant militaire certifie avoir inventorié aujourd'hui le matériel compris sous les n°s 13 à 50 de la nomenclature sommaire, et avoir trouvé un excédant pour les n°s 25, 29 et 41, et un déficit pour les n°s 23, 28, 47 et 49. Ces résultats sont constatés en détail par procès-verbal n^o . *(Signature du Sous-Intendant militaire.)*

MODÈLES.

CONSTATATION DES RECENSEMENTS EFFECTUÉS PENDANT L'ANNÉE 1872.

DATES.	RÉSULTAT SOMMAIRE DES RECENSEMENTS.

CONSTATATION DES RECENSEMENTS EFFECTUÉS PENDANT L'ANNÉE 1872.

DATES.	RÉSULTAT SOMMAIRE DES RECENSEMENTS.

13.

NUMÉRO D'ORDRE de la nomenclature par unité		DÉNOMINATION	UNITÉ	PRIX MINISTÉRIELS À AFFECTER AUX OBJETS			DATE	NUMÉROS DES PIÈCES.	DÉTAIL DES ENTRÉES.	EXER-CICES d'impu-tation autres que celui du compte	CLASSEMENT.			EN TRÉ
principale, simple ou collec-tive.	dé-taillée.	DES MATIÈRES ET OBJETS.	RÉGLEMEN-TAIRE.	neufs.	bons.	à réparer.	des entrées.				Neuf.	Bon.	réparer.	
1	2	3	4	5	6	7	8	9	10	11	12	13	14	1
				fr. c.	fr. c.	fr. c.	1872.							13
107		LINGE À PANSEMENT NEUF.												
	1	Bandes roulées.............	Kilog...	5.50	»	»	1871. 15 décembre. 1872. 1er janvier. 12 janvier. 15 janvier. 20 mars. 12 mars. 4 juillet. 31 août. 6 octobre. 16 décembre. 20 décembre.	1 » 5 6 13 20 30 36 38 43 46	Achat imputable sur 1872.... Inventaire au 31 décembre 1871. Acheté de M..... à 6 francs. Achat imputable sur........ 1871. Réintégration du pharmacien... Acheté de M..., à 5 fr. 25 cent. Produit de transformations.... Versement d'un comptable du service.................. Acheté de M..... à 5 francs. Achat imputable sur........ 1873. Produit de transformations....	....	» » » » » » » » » » » »	» » » » » » » » » » » »	» » » » » » » » » » » »	13
	2	Linge à pansement (grand)...	Idem....	4.50	»	»	1871. 15 décembre. 1872. 1er janvier. 12 janvier. 15 janvier. 20 mars. 12 mai. 4 juillet. 31 août. 6 octobre. 16 décembre. 20 décembre.	1 » 5 6 13 20 30 36 38 43 46	Achat imputable sur 1872.... Inventaire au 31 décembre 1871. Acheté de M... à 5 francs. Achat imputable sur........ 1871. Réintégration du pharmacien... Acheté de M... à 5 francs. Produit de transformations.... Versement d'un comptable du service. Acheté de M..... à 5 francs. Achat imputable sur........ 1873. Produit de transformations....	....	» » » » » » » » » » » »	» » » » » » » » » » » »	» » » » » » » » » » » »	110
	3	Linge à pansement (petit)....	Idem....	3.50	»	»	1871. 15 décembre. 1872. 1er janvier. 12 janvier. 15 janvier. 20 mars. 12 mai. 4 juillet. 31 août. 6 octobre. 16 décembre. 20 décembre.	1 » 5 6 13 20 30 36 38 43 46	Achat imputable sur 1872.... Inventaire au 31 décembre 1871. Acheté de M... à 3 fr. 25 cent. Achat imputable sur........ 1871. Réintégration du pharmacien... Acheté de M... à 4 fr. 15 cent. Produit de transformations.... Versement d'un comptable du service.................. Acheté de M... à 3 fr. 20 cent. Achat imputable sur........ 1873. Produit de transformation....	....	» » » » » » » » » » » »	» » » » » » » » » » » »	» » » » » » » » » » » »	1,271
									N° 107. — TOTAUX.....	.....	.....	.....	.....	1,521
									A reporter..........	.....	.....	.....	.....	....

TRÉES.

REPRISE de l'inventaire au 31 décembre de l'année précédente.	ENTRÉES à charge de payement.			ENTRÉES sans dépense en deniers.	ENTRÉES d'ordre.	TOTAL des entrées	
	Quantités.	Dépense.				par opération.	par unité.
		par opération.	par unité.				
15	16	7	18	19	20	21	22
kil.	kil.	fr. c.	fr. c.	kil.	kil.	kil.	
»	150,000	825.00		»	»	150,000	
133,000	»	»		»	»	133,000	
»	175,500	1,053.00		»	»	175,500	
»	»	»		80,000	»	80,000	
»	»	»		325,480	»	325,480	
»	132,800	607.20		»	»	132,800	
»	»	»		275,150	»	275,150	
»	»	»		»	612,250	612,250	
»	100,280	501.40		»	»	100,280	
»	»	»		95,000	»	95,000	
»	»	»		45,200	»	45,200	
							2,124,660
»	80,000	400.00		»	»	80,000	
110,000	»	»		»	»	110,000	
»	125,750	628.75		»	»	125,750	
»	»	»		125,000	»	125,000	
»	»	»		250,175	»	250,175	
»	185,612	928.06		»	»	185,612	
»	»	»		115,700	»	115,700	
»	»	»		»	212,500	212,500	
»	205,550	1,027.75		»	»	205,550	
»	»	»		95,000	»	95,000	
»	»	»		60,550	»	60,550	
							1,565,837
»	75,000	243.75		»	»	75,000	
1,278,000	»	»		»	»	1,278,000	
»	972,500	3,160.63		»	»	972,500	
»	»	»		115,000	»	115,000	
»	»	»		2,650,800	»	2,650,800	
»	1,512,000	6,274.80		»	»	1,512,000	
»	»	»		480,500	»	480,500	
»	»	»		»	975,612	975,612	
»	18,375	58.80		»	»	18,375	
»	»	»		45,000	»	45,000	
»	»	»		40,500	»	40,500	
							8,163,287
4,521,000	3,733,367		15,790.14	4,799,055	1,800,962	....	11,853,784
....	....	....	15,799 14				

DATES des sorties.	NUMÉROS DES PIÈCES.	DÉTAIL DES SORTIES.
23	24	25
1872.		
1871. 15 décembre.	2	Pour contre-partie de l'entrée du même jour...................
1872. 10 janvier.	4	Livré à deux corps de troupes...............................
2 février.	7	Perte constatée...
18 avril.	18	Livré à la chirurgie.......................................
16 juin.	29	Idem..
31 juillet.	33	Expédié à un comptable du service...........................
2 octobre.	37	Livré à la pharmacie......................................
6 novembre.	41	Versement à un comptable du service.........................
1871. 15 décembre.	2	Contre-partie de l'entrée du même jour.......................
1872. 10 janvier.	4	Livré à divers corps.......................................
2 février.	7	Perte constatée...
18 avril.	18	Livré à la chirurgie.......................................
16 juin.	29	Idem..
31 juillet.	33	Expédié à un comptable du service...........................
2 octobre.	37	Livré à la pharmacie......................................
6 novembre.	41	Versement à un comptable du service.........................
1871. 15 décembre.	2	Contre-partie de l'entrée du même jour.......................
1872. 10 janvier.	4	Livré à divers corps.......................................
2 février.	7	Perte constatée...
18 avril.	18	Livré à la chirurgie.......................................
16 juin.	29	Idem..
31 juillet.	33	Expédié à un comptable du service...........................
2 octobre.	37	Livré à la pharmacie......................................
6 novembre.	41	Versement à un comptable du service.........................
		N° 107. — Totaux................
		À reporter.....................

TIES.								INVENTAIRE.						
CLASSEMENT.			SORTIES à charge de payement.	SORTIES ne donnant pas lieu à payement.	SORTIES d'ordre.	TOTAL des sorties		RESTANT au 31 décembre d'après les écritures, par unité.	CLASSEMENT.			DÉCOMPTE en argent		OBSERVATIONS.
Neuf.	Bon.	à Réparer.				par opération.	par unité.		Neuf.	bon.	À réparer.	par unité détaillée.	par unité principale, simple ou collective.	
26	27	28	29	30	31	32	33	34	35	36	37	38	39	40
			kil.	kil.	kil.	kil.	kil.	kil.				fr. c.	fr. c.	
"	"	"	..	150,000	"	150,000								
"	"	"	150,200	"	"	150,200								
"	"	"	"	8,500	"	8,500								
"	"	"	"	250,500	"	250,500								
"	"	"	"	185,125	"	185,125								
"	"	"	"	"	412,250	412,250								
"	"	"	"	235,700	"	235,700								
"	"	"	"	"	5,350	5,350								
"	"	"					1,397,625	727,035	"	"	"	3,998.69		
"	"	"	"	80,000	"	80,000								
"	"	"	175,850	"	"	175,850								
"	"	"	"	2,450	"	2,450								
"	"	"	"	275,500	"	275,500								
"	"	"	"	178,275	"	178,275								
"	"	"	"	"	180,900	180,900								
"	"	"	"	120,215	"	120,215								
"	"	"	"	"	16,800	16,800								
"	"	"					1,029,990	535,847	"	"	"	2,411.31		
"	"	"	"	75,000	"	75,000								
"	"	"	855,000	"	"	855,000								
"	"	"	"	1,500	"	1,500								
"	"	"	"	82,950	"	82,950								
"	"	"	"	816,400	"	816,400								
"	"	"	"	"	875,200	875,200								
"	"	"	"	380,550	"	380,550								
"	"	"	"	"	15,150	15,150								
"	"	"					3,101,750	5,061,537	"	"	"	17,715.38		
....	....	....	1,181,050	2,842,665	1,505,650	......	5,529,365	6,324,419	....	....	....		24,125.38	
..	....	....	....	....	....	......	....	....	....	....	....		24,125.38	

NUMÉRO D'ORDRE de la nomenclature par unité (principale, simple ou collective)	(détaillée)	DÉNOMINATION DES MATIÈRE ET OBJETS.	UNITÉ RÉGLEMENTAIRE.	PRIX MINISTÉRIELS À AFFECTER AUX OBJETS (neufs)	(bons)	(à réparer)	DATE des entrées.	NUMÉROS DES PIÈCES.	DÉTAIL DES ENTRÉES.	EXERCICES d'imputation autres que celui du compte.	CLASSEMENT. (Neuf.)	(Bon.)	(À réparer)
1	2	3	4	5	6	7	8	9	10	11	12	13	14
205		SARRAUX D'OFFICIERS DE SANTÉ.		fr. c.	fr. c.	fr. c.	1872.		Report...........	.....			
							1871. 15 décembre.	1	Achat imputable sur 1872	.....	12	»	»
							1872. 1er janvier.	»	Inventaire au 31 décembre 1871.	.....	30	12	15
							5 février.	8	Produit de confections à 20 fr.	.....	15	»	»
							20 février.	11	Produit d'un déclassement.....	.....	»	8	»
							15 avril.	14	Cession d'un entrepreneur à 24 fr. 50 cent.	.....	20	15	15
	1	En toile imperméable........	Nombre.	25 00	17 00	0 00	4 juin.	25	Acheté à M..., à 26 fr. 50 cent.	.....	12	»	»
							5 juin.	27	Produit d'un déclassement	.....	»	10	»
							20 juillet.	31	Reçu d'un établissement supprimé..............	....	50	25	25
							5 novembre.	40	Confection dans l'établissement 26 fr. 50 cent..........	.....	24	»	»
							16 décembre.	43	Achat à...25 fr, imputable sur	1873.	30	»	»
							31 décembre.	49	Reçu d'un établissement civil à 22 fr. 50 cent...........	.....	25	»	»
											218	70	55
							1er janvier.	»	Inventaire au 31 décembre 1871.	.....	30	36	25
							5 février.	8	Produit de confection à 4f 25c.	.....	25	»	»
							20 février.	11	Produit d'un déclassement	.....	»	16	5
							15 avril.	14	Cession d'un entrepreneur à 6f 5c	.....	45	30	»
	2	En coton.................	Idem....	5 00	3 00	2 00	4 juin.	25	Acheté de M..., à 4 fr. 50 cent.	.....	8	»	»
							5 juin.	27	Produit d'un déclassement	.....	»	8	»
							20 juillet.	31	Reçu d'un établissement supprimé.	.....	48	24	20
							5 novembre.	40	Confection dans l'établissement à 5 fr. 25 cent.	.....	36	»	»
							31 décembre.	49	Versement d'un établissement civil à 5 fr. 75 cent.	.....	24	4	»
							31 décembre.	50	Versement d'un comptable du service..............	.....	50	6	4
											266	124	54
							1871. 15 décembre.	1	Achat imputable sur 1872.....	.....	25	»	»
							1872. 1er janvier.	»	Inventaire au 31 décembre 1871.	.....	24	20	25
							15 janvier.	6	Achat imputable sur........	1871.	12	15	»
							5 février.	8	Produit de confection à 12f 50c.	.....	20	»	»
							20 février.	11	Déclassement...............	.....	»	12	15
	3	En laine.................	Idem....	15 00	10 00	6 00	15 avril.	14	Reçu de l'ancien entrepreneur à 15 fr	.....	35	»	»
							4 juin.	25	Acheté de M..., à 15 fr. 75 cent.	.....	10	»	»
							5 juin.	27	Produit d'un déclassement.....	.....	»	9	8
							20 juillet.	31	Reçu d'un établissement supprimé.	.....	115	75	30
							5 novembre.	40	Confection dans l'établissement.	.....	48	»	»
							16 décembre.	43	Achat imputable sur........	1873.	30	35	»
							31 décembre.	50	Versement d'un comptable du service...............	.....	40	30	6
											359	196	84
									N° 205. — TOTAUX......	.....			
									A reporter........	.....			

A parer.	REPRISE de l'inventaire au 31 décembre de l'année précédente.	ENTRÉES à charge de payement. Quantités.	Dépense par opération.	par unité.	ENTRÉES sans dépense en deniers.	ENTRÉES d'ordre.	TOTAL des entrées par opération.	par unité.
14	15	16	17	18	19	20	21	22
			fr. c.	fr. c.				
....	....	....	....	15,799 14				
»	»	12	300.00		»	»	12	
15	57	»	»		»	»	57	
»	»	15	300.00		»	»	15	
»	»	»	»		8	»	8	
15	»	50	1,225.00		»	»	50	
»	»	12	318.00		»	»	12	
»	»	»	»		10	»	10	
25	»	»	»		100	»	100	
»	»	24	636.00		»	»	24	
»	»	»	»		30	»	30	
»	»	25	562.50		»	»	25	
55								343
25	91	»	»		»	»	91	
»	»	25	106.25		»	»	25	
5	»	»	»		21	»	21	
»	»	75	468.75		»	»	75	
»	»	8	36.00		»	»	8	
»	»	»	»		8	»	8	
20	»	»	»		92	»	92	
»	»	36	189.00		»	»	36	
»	»	28	161.00		»	»	28	
4	»	»	»		»	60	60	
54								444
»	»	25	375.00		»	»	25	
25	69	»	»		»	»	69	
»	»	»	»		27	»	27	
»	»	20	250.00		»	»	20	
15	»	»	»		27	»	27	
»	»	35	525.00		»	»	35	
»	»	10	157.50		»	»	10	
8	»	»	»		17	»	17	
30	»	»	»		220	»	220	
»	»	48	648.00		65	»	48	
»	»	»	»		»	»	65	
»	»	»	»		»	76	76	
6								639
84								
....	217	448		6,258.00	625	136	....	1,426
....	....	....	....	22,057.14				

Guerre. — *Règlement.*

DATES des sorties.	NUMÉRO DES PIÈCES.	DÉTAIL DES SORTIES.	N
23	24	25	
1872.		Report.....................	....
1871. 15 décembre.	2	Contre-partie de l'entrée du même jour..........	
1872. 20 février.	10	Mise en service........................	
15 avril.	15	Expédié au comptable de l'hôpital de	....
5 juin.	26	Déclassement	
31 juillet.	34	Classement aux effets hors de service.................	
8 novembre.	42	Cédé au service de	....
31 décembre.	50	Déclassement par mise hors de service...............	
1870.			
20 février.	10	Mise en service.........................	
15 avril.	15	Expédié à un comptable du service.............	
5 juin.	26	Déclassement........................	
31 juillet.	34	Mise hors de service.....................	
8 novembre.	42	Cédé au service des prisons.................	
31 décembre.	50	Mise hors de service....................	
1869. 15 décembre.	2	Contre-partie de l'entrée du même jour...............	
1870. 20 février.	10	Déclassement......................	
15 avril.	15	Expédié à un comptable du service.............	
5 juin.	26	Déclassement......................	
31 juillet.	34	Mise hors de service..................	
8 novembre.	42	Cédé au service des prisons.................	
31 décembre.	50	Mise hors de service...................	
		Nº 205. — Totaux.................	
		A reporter....................	

TIES.							INVENTAIRE.							
CLASSEMENT.			SORTIES à charge de payement.	SORTIES ne donnant pas lieu à payement.	SORTIES d'ordre.	TOTAL des sorties		RESTANT au 31 décembre d'après les écritures, par unité.	CLASSEMENT.			DÉCOMPTE en argent		OBSERVATIONS.
Neuf.	Bon.	A réparer.				par opération.	par unité.		Neuf.	Bon.	A réparer.	par unité détaillée.	par unité principale, simple ou collective.	
26	27	28	29	30	31	32	33	34	35	36	37	38	39	40
												fr. c.	fr. c.	
....	....	....	....	....	....			....	....	....		»	29,125.38	
12	»	»	»	12	»	12								
8	»	»	»	8	»	8								
25	30	15	»	»	70	70								
10	»	»	»	10	»	10								
»	10	2	»	12	»	12								
35	12	5	52	»	»	52								
2	8	4	»	14	»	14								
92	60	26				178		165	126	10	29	3,581.00		
16	»	»	»	16	»	16								
20	32	5	»	»	57	57								
16	5	»	»	21	»	21								
»	4	12	»	16	»	16								
30	5	2	37	»	»	37								
1	2	8	»	11	»	11								
83	48	27				158		280	183	76	27	1,197.00		
25	»	»	»	25	»	25								
12	15	»	»	27	»	27								
95	50	45	»	»	190	190								
9	8	»	»	17	»	17								
1	12	15	»	28	»	28								
50	10	»	60	»	»	60								
»	»	8	»	8	»	8								
192	95	68				355		281	167	101	16	3,611.00		
....	....	....	149	225	317	....		735					8,389.00	
....	....	....	....	....	....			....					32,514.38	

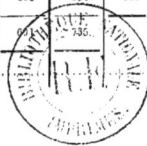

14.

NUMÉRO D'ORDRE de la nomenclature par unité		DÉNOMINATION DES MATIÈRES ET OBJETS.	UNITÉ RÉGLEMENTAIRE.	PRIX MINISTÉRIELS À AFFECTER AUX OBJETS			DATE des entrées.	NUMÉROS DES PIÈCES.	DÉTAIL DES ENTRÉES.	EXERCICES d'imputation autres que celui du compte.	CLASSEMENT.		
principale, simple ou collective.	détaillée.			neufs.	bons.	à réparer.					Neuf.	Bon.	À réparer.
1	2	3	4	5	6	7	8	9	10	11	12	13	14
				fr. c.	fr. c.	fr. c.					Kilog.	Kilog.	
							1872. —		Report.............	.....	....	....	....
							1871. 15 décembre.	1	Achat imputable sur 1872....	.....	60,000	»	»
							1872. 1er janvier.	»	Inventaire au 31 décembre 1871..	.....	500,000	2,150,000	»
							15 janvier.	6	Achat imputable sur........	1871.	100,000	»	»
							21 février.	12	Acheté sur place à 3 fr. 25 cent.	.....	80,000	»	»
272	»	Crin pur..................	Kilog...	4 50	3 50	»	8 avril.	17	Produit de la démolition de trois matelas....	.....	»	25,000	»
							2 juin.	24	Produit d'un déclassement.....	.....	»	50,000	»
							14 juillet.	32	Acheté sur place à 4 fr. 50 cent.	.....	25,000	»	»
							2 novembre.	30	Reçu d'un comptable du service..................	.....	20,000	30,000	»
							16 décembre.	43	Achat imputable sur........	1873.	50,000	»	»
							29 décembre.	58	Produit d'un déclassement....	.....	»	60,000	»
									N° 272. — TOTAUX........	.....	635,000	2,315,000	»
									MONTANT DE LA DÉPENSE.	.....	....	....	....

REPRISE de l'inventaire au 31 décembre de l'année précédent.	ENTRÉES à charge de payement.			ENTRÉES sans dépense en deniers.	ENTRÉES d'ordre.	TOTAL des entrées.	
	Quantités.	Dépense par opération.	par unité.			par opération.	par unité.
15	16	17	18	19	20	21	22
kil.	kil.	fr. c.	fr. c.	kil.	kil.	kil.	kil.
....	....	....	22,057. 14				
"	60,000	210. 00		"	"	60,000	
2,650,000	"	"	"	"	"	2,650,000	
"	"	"	"	100,000	"	100,000	
"	80,000	260. 00		"	"	80,000	
"	"	"	"	25,000	"	25,000	
"	"	"	"	50.000	"	50,000	
"	25,000	112. 50		"	"	25,000	
"	"	"	"	"	50,000	50,000	
"	"	"	"	50,000	"	50,000	
"	"	"	"	60,000	"	60,000	
2,650,000	165,000		582. 50	285,000	50,000	3,150,000	
....	....	....	22,639. 64				

DATES des sorties.	NUMÉRO DES PIÈCES.	DÉTAIL DES SORTIES.
23	24	25
1872.		Report......................
1871. 15 décembre.	2	Contre-partie de l'entrée du même jour....................
1872. 15 février.	9	Emploi aux confections............................
17 avril.	10	Perte par suite de rebattage........................
2 juin.	23	Déclassement......................
5 juin.	28	Emploi aux confections............................
16 août.	35	Expédié à un comptable du service....................
25 décembre.	47	Déclassement........................
		N° 272. — TOTAUX................
		MONTANT de l'inventaire..........

TIES.							INVENTAIRE.						
CLASSEMENT.			SORTIES à charge de payement.	SORTIES ne donnant pas lieu à payement.	SORTIES d'ordre.	TOTAL des sorties.		RESTANT au 31 décembre, d'après les écritures, par unité.	CLASSEMENT.			DÉCOMPTE en argent		OBSER-VATIONS.
Neuf.	Bon.	A réparer.				par opération.	par unité.		Neuf.	Bon.	A réparer.	par unité détaillée.	par unité principale, simple ou collective.	
26	27	28	29	30	31	32	33	34	35	36	37	38	39	40
kil.	kil.		kil.	kil.		kil.		kil.	kil.	kil.	kil.	fr. c.	fr. c.	
....	....	....	....	....								....	32,514.38	
60,000	»	»	»	60,000	»	60,000								
10,000	30,000	»	»	40,000	»	40,000								
10,000	15,000	»	»	25,000	»	25,000								
50,000	»	»	»	50,000	»	50,000								
»	15,000	»	»	15,000	»	15,000								
50,000	100,000	»	»	»	150,000	150,000								
60,000	»	»	»	60,000	»	60,000								
240,000	160,000	»	»	250,000	150,000	400,000		2,750,000	595,000	2,155,000		....	10,220.00	
....	....	....	....	....	....	....						....	42,734.38	

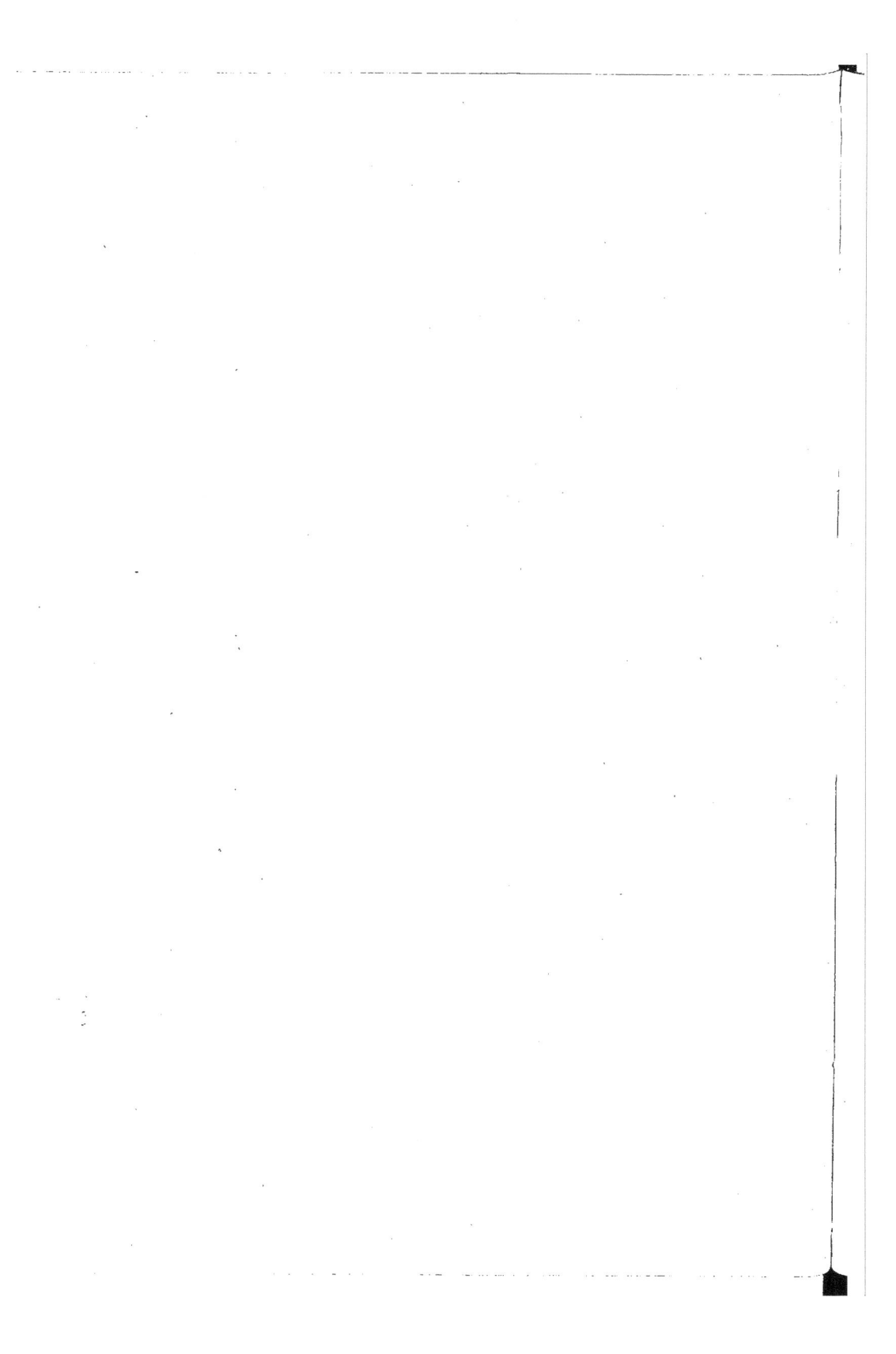

MINISTÈRE
DE LA GUERRE.

COMPTABILITÉ-MATIÈRES.

ANNÉE 187 .

MODÈLE N° 3.

Art. 69 du Règlement
du 19 novembre 1871.

SERVICE d

RÉSUMÉ GÉNÉRAL

Présentant l'ensemble des opérations à charge et à décharge, en matières de consommation et de transformation, qui ont eu lieu dans les places ou établissements du service d pendant l'année 187 , ainsi que les existants au 31 décembre dont les comptables demeurent responsables.

MODÈLES.

ENTRÉES.

N° D'ORDRE DES COMPTES DE GESTION.	DÉSIGNATION		EXISTANT en MAGASINS au 3 ı décembre 187 .	NATURE DES ENTRÉES.				TOTAL DES ENTRÉES. (Y compris l'existant en magasin.)
	des ÉTABLISSEMENES.	des COMPTABLES.		ENTRÉES À CHARGE de payement.		ENTRÉES sans dépense en deniers.	ENTRÉES d'ordre.	
				Quantités.	Dépense.			

d

SORTIES.

NATURE DES SORTIES.			TOTAL	RESTANT EN MAGASIN AU 31 DÉCEMBRE 187 .		OBSERVATIONS.
SORTIES à charge de payement.	SORTIES ne donnant pas lieu à payement.	SORTIES d'ordre.	DES SORTIES.	Quantités.	Valeur approximative.	

15.

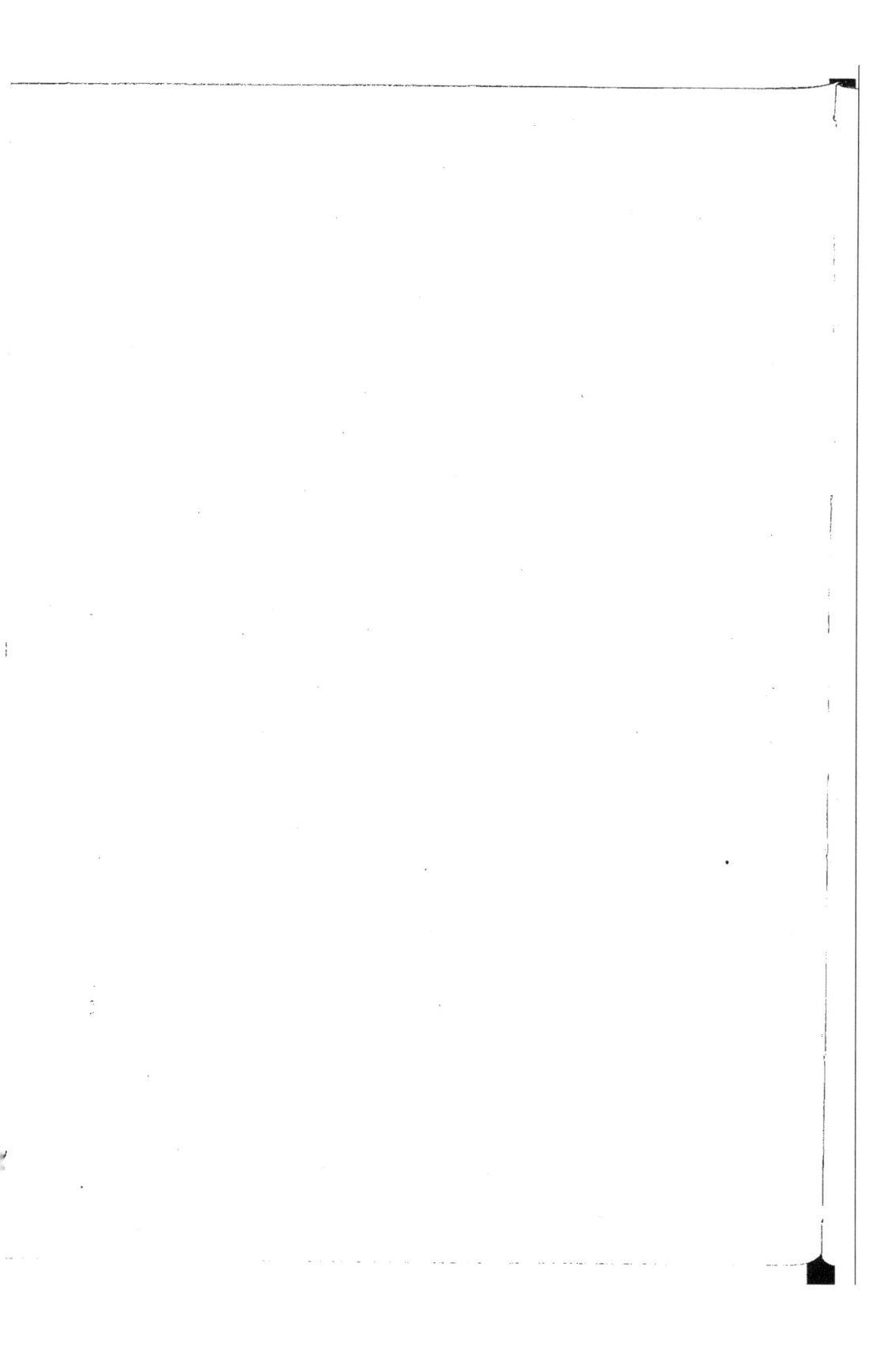

MINISTÈRE
DE LA GUERRE.

COMPTABILITÉ-MATIÈRES.

Article 32 du Règlement
du 19 novembre 1871.

NOMENCLATURE GÉNÉRALE

DES

PIÈCES À PRODUIRE PAR LES COMPTABLES DU MATÉRIEL

DU DÉPARTEMENT DE LA GUERRE,

À L'APPUI DE LEURS COMPTES DE GESTION

POUR

LA JUSTIFICATION DE LEURS OPÉRATIONS À CHARGE OU À DÉCHARGE.

NATURE DES OPÉRATIONS.			PIÈCES À PRODUIRE PAR LES COMPTABLES à l'appui de leurs opérations à charge ou à décharge.
OPÉRATIONS À CHARGE.			
REPRISE DES EXISTANTS au 31 décembre de l'année précédente....................			Compte annuel de l'année précédente (colonne 34).
ENTRÉES RÉELLES.	Entrées à charge de payement.......	Achats proprement dits........................	Talons des récépissés, appuyés des talons des factures d'achats ou des extraits sommaires des marchés.
		Versements ou cessions par d'autres ministères ou par d'autres services de la guerre donnant lieu à remboursement.	Ordre de prise en charge ou facture d'expédition, revêtue du récépissé du comptable et donnant la preuve du remboursement.
		Appels ou réquisitions donnant lieu à remboursement.	Idem.
		Entrées à charge de payement imputables sur l'exercice précédent ou suivant.	Duplicata de la facture d'achat ou du récépissé.
	Entrées sans dépense en deniers......	Excédants, bonis ou revenants-bons de toute nature.	Extraits de procès-verbaux ou certificats administratifs.
		Réintégration par les corps de matières et effets en service.	Talons des récépissés délivrés par les comptables.
		Versements par les comptables des armées actives.....	Factures d'expédition revêtues du récépissé du comptable.
		Versements par d'autres services de la guerre et ne donnant pas lieu à remboursement.	Idem.
	Transformations et fabrications.....	Produits et résidus des fabrications, confections, transformations ou réparations.	Certificats administratifs.
		Constructions de matériel...................	Idem.
		Produits de démolition de matériel...............	Idem.
		Déclassements et changements d'état.............	Idem.
ENTRÉES D'ORDRE.	Entrées déplaçant la responsabilité des comptables.....	Versements de comptable à comptable du même service.	Factures d'expédition revêtues du récépissé du comptable.
		Réintégrations de matières et effets prêtés ou mis en dépôt.	Extraits de procès-verbaux ou certificats administratifs.
		Reprises de magasin par suite de mutations de comptables.	Procès-verbaux d'inventaire.
OPÉRATIONS À DÉCHARGE.			
SORTIES RÉELLES.	Sorties à charge de payement.......	Versements ou cessions donnant lieu à remboursement.	Factures de livraison portant décompte du remboursement, revêtues du récépissé et appuyées du certificat constatant le remboursement.
		Manquants et déficit imputés...................	Extraits de procès-verbaux.
		Remises aux vendeurs pour vices rédhibitoires.......	Procès-verbaux de remise.
		Sorties correspondant aux entrées imputables sur l'exercice précédent ou suivant.	Certificats administratifs.
	Sorties ne donnant pas lieu à payement.........	Distributions aux troupes.....................	Bordereaux de distribution et bons totaux ou partiels.
		Livraisons aux comptables des armées actives.........	Factures d'expédition revêtues du récépissé du comptable.
		Versements à d'autres services de la guerre ne donnant pas lieu à remboursement.	Idem.
		Destructions ou pertes par cas de force majeure......	Extraits de procès-verbaux.
		Avaries ou déficit alloués....................	Extraits de procès-verbaux ou certificats administratifs.
		Déchets de conservation.....................	Idem.
		Remises au domaine......................	Procès-verbaux dressés par les préposés des domaines, de concert avec l'intendance.
	Transformations et fabrications.....	Conversions de toute nature..................	Certificats administratifs.
		Démolitions.............................	Idem.
		Confections............................	Idem.
		Constructions et réparations................	Idem.
		Déclassements et changements d'état.............	Idem.
SORTIES D'ORDRE.	Sorties déplaçant la responsabilité des comptables.....	Versements de comptable à comptable du même service.	Factures d'expédition revêtues du récépissé du comptable.
		Prêts et dépôts...........................	Extraits de procès-verbaux.
		Remises de magasin par suite de mutations de comptables.	Procès-verbaux d'inventaire.
EXISTANTS en magasin au 31 décembre, reportés à l'année suivante................			Compte annuel portant inventaire.

OBSERVATIONS.

PRESCRIPTIONS GÉNÉRALES.

Les pièces justificatives des opérations d'entrée ou de sortie mentionnent l'ordre en vertu duquel a lieu l'opération, la date de cet ordre et la qualité du fonctionnaire de qui il émane; elles sont signées du comptable et de l'autorité chargée du contrôle local, visées par le sous-intendant militaire.

Les pièces d'*entrée* constatent la prise en charge par le comptable réceptionnaire.

Les pièces de *sortie* sont revêtues du récépissé de la partie prenante; elles sont appuyées de la preuve du remboursement, si la sortie a eu lieu à titre onéreux ou par suite d'imputation.

Aux termes de l'article 38 du présent Règlement, tout *procès-verbal* justificatif est remplacé par un *certificat administratif*, chaque fois que le sous-intendant militaire n'a pas réellement assisté au fait ou à l'opération qu'il s'agit de constater.

Une exception à cette règle résulte de l'article 40 qui, pour le cas de force majeure, prescrit un procès-verbal rédigé sous forme d'enquête.

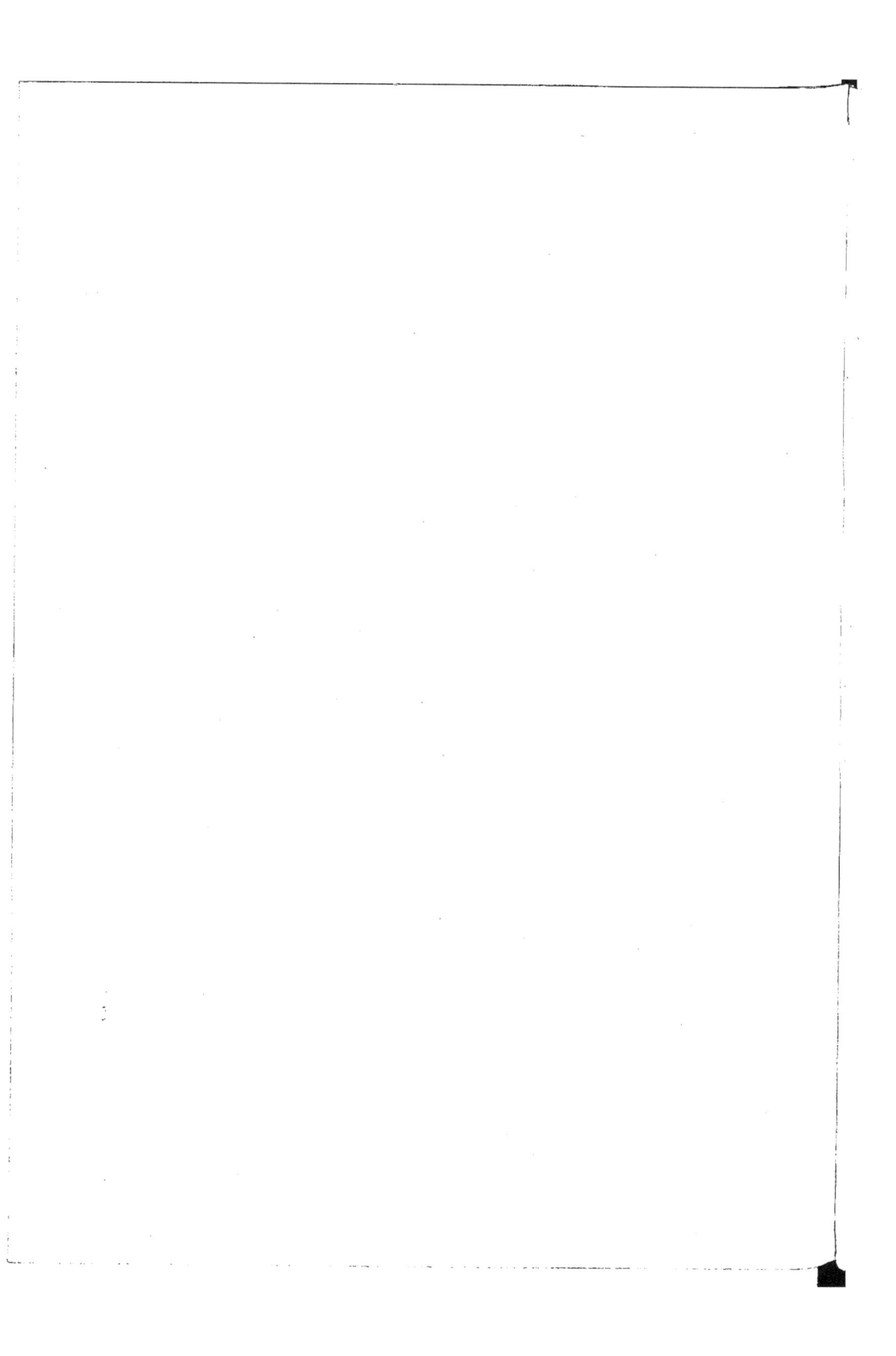

TABLE GÉNÉRALE DES MATIÈRES.

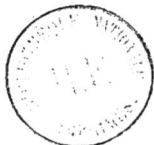

TITRE III.

DISPOSITIONS SPÉCIALES.

MODÈLES.

FIN DE LA TABLE DES MATIÈRES.

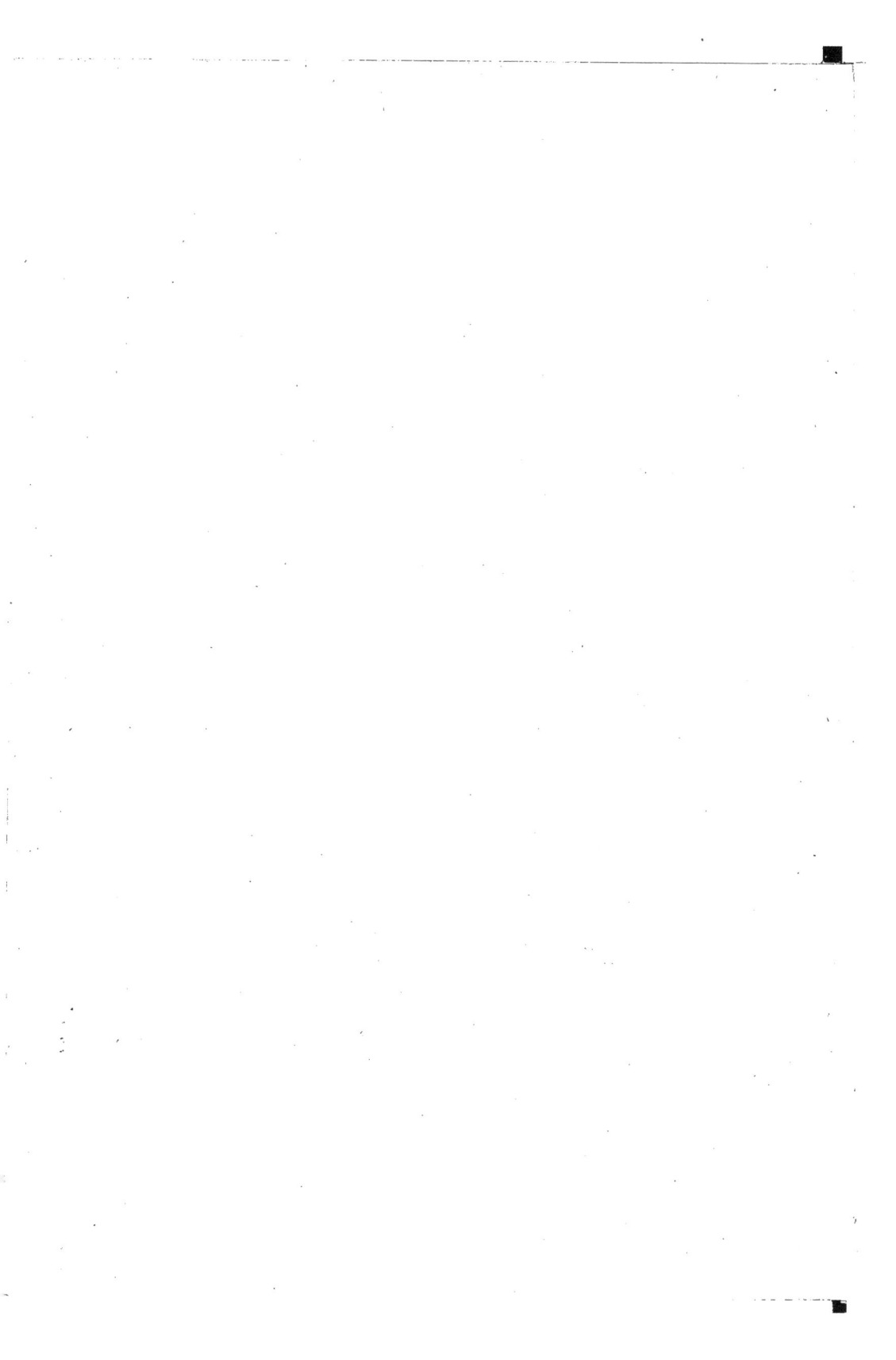

www.ingramcontent.com/pod-product-compliance
Lightning Source LLC
Chambersburg PA
CBHW071207200326
41519CB00018B/5406